婴幼儿托育服务与管理专业规划教材

杨晓萍　李姗泽　总主编

婴幼儿照护服务政策法规

主　编：张利洪

副主编：金春燕　马丽娜

编　委：（按姓氏拼音排序）

龚光军　胡益敏　李　欢　杨　虹

周润娇

西南大学出版社

国家一级出版社　全国百佳图书出版单位

图书在版编目(CIP)数据

婴幼儿照护服务政策法规 / 张利洪主编. -- 重庆：西南大学出版社, 2022.8
ISBN 978-7-5697-1412-8

Ⅰ. ①婴… Ⅱ. ①张… Ⅲ. ①母婴保健法—中国—高等职业教育—教材 Ⅳ. ①D922.16

中国版本图书馆CIP数据核字(2022)第122567号

婴幼儿照护服务政策法规

YINGYOU'ER ZHAOHU FUWU ZHENGCE FAGUI

主　编　张利洪

总 策 划：杨　毅　杨景罡
执行策划：钟小族　张燕妮
责任编辑：钟小族
责任校对：张燕妮
装帧设计：闰江文化
排　　版：吴秀琴
出版发行：西南大学出版社
重庆·北碚　邮编：400715
印　　刷：重庆紫石东南印务有限公司
幅面尺寸：185 mm×260 mm
印　　张：11
字　　数：210千字
版　　次：2022年8月　第1版
印　　次：2024年2月　第2次印刷
书　　号：ISBN 978-7-5697-1412-8
定　　价：42.00元

婴幼儿托育服务与管理专业规划教材

编委会

扫码获取本书教学资源

总序

0~3岁婴幼儿阶段是一个人生命中最快速发展的时期，亦是人生的重要奠基期。婴幼儿成长需要一个儿童友好社会，需要一个完整的社会教育架构，以保证每个家庭中的每一个孩子都能在其黄金三年得以健康成长。由此，架构一个完整的有利于婴幼儿健康成长的托育服务体系，并在高校培养相应的人才是中国教育体系刻不容缓的任务。

婴幼儿托育服务质量不仅关乎婴幼儿的健康成长，而且关乎人民群众的获得感、幸福感和安全感。近年来，国务院、教育部相继出台了一系列政策，对婴幼儿托育事业进行规划和布局。《中华人民共和国国民经济和社会发展第十四个五年规划和2035年远景目标纲要》中特别强调“发展普惠托育服务体系，健全支持婴幼儿照护服务和早期发展的政策体系”。2021年12月，国家发展改革委等部门联合印发了《“十四五”公共服务规划》，指出“着力构建多元化、多样化、覆盖城乡的婴幼儿照护服务体系，积极引导社会力量举办托育服务机构……依法逐步实行婴幼儿照护工作人员职业资格准入制度”。党的二十大报告中提出“群众在就业、教育、医疗、托育、养老、住房等方面面临不少难题；……我们已经采取一系列措施加以解决，今后必须加大工作力度”。

构建规范普惠的婴幼儿托育服务体系对于改善我国人口结构、积极应对人口老龄化、保持我国人力资源禀赋优势等方面具有重要意义。尽早研究、大力发展婴幼儿托育服务体系，建立健全相关的政策制度设计，是事关国家发展与安全、关乎国计民生的重要任务，这离不开大量高素质专业人才的支撑。目前，我国托育服务从业人员队伍建设主要存在数量不足、人员素质参差不齐、托育服务人才培养和培训体系尚未形成等短板，应拓宽培养培训渠道，着力建设一支品德高尚、富有爱心、敬业奉献、素质优良的托育服务人才队伍。

本套教材依据《职业教育专业目录(2021年)》，按照《托育机构设置标准(试行)》《托育机构管理规范(试行)》《托育机构保育指导大纲(试行)》等重要文件精神进行编写，涵盖了婴幼儿托育服务与管理专业主要基础课程和专业核心课程，共包含23本教材。在编写过程中我们力求创新，努力打造自己的优势和特色。

第一，充分体现医教融合，指向岗位实际需求。本套教材的编写团队由师范院校、医学院校和企业团队构成，积极促成高校、医院与早教机构联合开发应用型课程，共同聚焦“医教融合”托育服务新模式下的岗位核心能力，着力体现人才培养的前瞻性和适应性。

第二，结合工作流程制订项目学习任务，符合高职“三教”改革趋势。立足职业教育的类型特点和经济社会发展对技术技能型人才的需求，探索活页式新形态教材开发的思路和方法，是职业教育“三教”改革的重要内容。本套教材积极探索以提高实践能力为引领的人才培养流程，对接职业岗位标准，将工作任务转化为项目，将专业知识与技能转化为岗位能力，以项目为纽带、工作任务为载体、工作过程为导向，构建教材内容。融合学校和企业人员，共同编写理实一体、书证融通的工作手册式、活页式新形态教材。

第三，体现岗位能力要求，让学习者提前了解真实工作应用场景。本套教材以学习者发展为根本，以学习产出为导向，关注实践性教学内容，重视解决工作实际问题。在内容设计上，以典型工作任务、案例为载体组织教学单元。立足真实工作情景，采用大量真实案例及拓展阅读素材，帮助学习者在了解基本理论的前提下，更好地面对、解决工作中遇到的实际问题。

第四，配备丰富教学资源，视频展示实操技能。本套教材在设计上注重实操性，通过操作视频、题库、案例集等数字资源，为学习者创设真实详细的任务情境，增强学习过程的综合性、趣味性、挑战性，使学习者在主动建构、合作共研的过程中获得新知、提升经验。此外，编写团队还重视教材的实用性和灵活性，打造“纸质教材+数字化教材”协同互补的新形态教材体系，以期提高教学实效。

本套教材的顺利付梓得益于所有参编人员的辛劳付出和西南大学出版社的积极协调与沟通。在此向参与此次编写活动的全体人员表达我们的敬意。同时，教材写作难免有疏漏或不足之处，我们将在教材使用中进一步总结反思，不断修订完善，恳请各位同行不吝赐教。

李姗泽

前言

2019年,《国务院办公厅关于促进3岁以下婴幼儿照护服务发展的指导意见》(以下简称《指导意见》)颁布后,3岁以下婴幼儿照护服务受到社会各界高度关注。《指导意见》指出,加快培养婴幼儿照护相关专业人才,将婴幼儿照护服务人员作为急需紧缺人员纳入培训规划,切实加强婴幼儿照护服务相关法律法规培训,增强从业人员法治意识。由于婴幼儿托育服务与管理专业教学标准尚未出台,各院校的专业人才培养方案关于婴幼儿照护服务政策法规课程的设置必要性、课程名称、课程性质、课程目标和课程内容均存在巨大的分歧。为深化婴幼儿托育服务与管理专业人才培养研究,凝聚共识,我们有必要就婴幼儿照护服务政策法规课程在婴幼儿托育服务与管理专业人才培养方案中的地位及其知识供给进行探讨。

一、婴幼儿托育服务与管理专业的产生及课程设置深受教育类专业的影响

2016年,根据《普通高等学校高等职业教育(专科)专业设置管理办法》,教育部确定了增补专业13个,幼儿发展与健康管理是其中之一,所属专业大类为公共管理与服务大类。有研究发现,幼儿发展与健康管理专业建设与学前教育专业和早期教育专业有趋同的态势,甚至有将其等同于学前教育或早期教育专业的异象。[①]专业定位不明、行业归属不清、职业标准缺乏等问题困扰着该专业的健康发展。《职业教育专业目录(2021年)》将幼儿发展与健康管理(专业代码:690306)更名为婴幼儿托育服务与管理(专业代码:520802),同时新增中等职业教育婴幼儿托育(专业代码:720803)专业和高等职业教育本科专业婴幼儿发展

①刘晓军.关于幼儿发展与健康管理专业建设的思考[J].陕西学前师范学院学报,2019(10):24-29.

与健康管理（专业代码：320802）。这三个不同层次的相关专业都归属于健康管理与促进类。

《普通高等学校高等职业教育（专科）专业目录（2015年）》设置了早期教育（专业代码：670101K）专业，其主要就业类别为生活照料服务人员。这个专业与学前教育具有高度的关联性。目前涉及该专业的唯一的国家标准《早期教育服务规范》（GB/T31725-2015）对早期教育服务提出通用性规范要求，可以作为参考依据。《职业教育专业目录（2021年）》撤销中职学前教育专业，保留了教育类幼儿保育（专业代码：160200）专业，新增高职本科学前教育专业。婴幼儿托育服务与管理由幼儿发展与健康管理专业更名而来，但其专业定位从公共管理与服务大类变成健康管理与促进类，淡化了管理要素，强化了生命健康关怀意识。由于早期开设幼儿发展与健康管理专业的职业院校基本上都有师范教育底蕴，受制于管理模式、思维惯性、师资知识结构等因素，幼儿发展与健康管理专业本不属于教育类专业，但是烙上了浓厚的教育味道。这种味道传承到了婴幼儿托育服务与管理专业的"食谱"（人才培养方案）里。这些因素导致婴幼儿托育服务与管理专业定位始终摆脱不了教育类专业的影响，存在定位不明、课程体系设置模糊不清等问题。

二、婴幼儿托育服务与管理专业学生应具有良好的法治素养

2014年10月，党的十八届四中全会首次提出将法治教育纳入国民教育体系，引导全民自觉守法、遇事找法、解决问题靠法。学生与教师作为重点人群，其法治素养培育备受重视。2016年7月，教育部、司法部与全国普法办共同颁布《青少年法治教育大纲》，旨在将法治教育全面纳入国民教育体系，创新青少年法治教育的形式与内容，着力提高系统化、科学化水平，切实增强教育的针对性与实效性。2021年6月，中共中央、国务院转发《中央宣传部、司法部关于开展法治宣传教育的第八个五年规划（2021—2025年）》。该文件指出，要分层分类开展法治教育，推动实践养成。由于婴幼儿的自我保护能力差、依赖性强，因此具备基本的通识性法治素养和合格的专业法律素养是婴幼儿照护服务人员依法履责的底线要求。婴幼儿照护服务政策法规课程将培养该专业学生的法治素养。

三、婴幼儿照护服务政策法规课程是婴幼儿托育服务与管理专业的必修课程

我们对2022年高职教育质量年度报告[①]和部分高校人才培养方案进行调查后发现，婴幼儿照护服务政策法规课程建设存在如下问题：

① 详情参见现代高等职业技术教育网上专设的高等职业教育质量年度报告专栏。

第一,多数人才培养方案未设置婴幼儿照护服务政策法规课程或相似课程。

第二,课程名称不规范,有幼儿教育政策法规、婴幼儿健康管理职业道德与法规、托育从业人员职业道德与素养、幼儿教师道德与法律素养、托育服务政策法规与职业伦理等多种名称。其中,“幼儿教育政策法规”明显模仿学前教育专业人才培养方案。“婴幼儿健康管理职业道德与法规”与原来的幼儿发展与健康管理专业名称类似。“托育服务政策法规与职业伦理”源于正在研制中的《高等职业教育专科婴幼儿托育服务与管理专业教学标准(征求意见稿)》(以下简称《教学标准》)的命名。有的学者并不完全赞同把原来的“幼儿发展与健康管理专业”更名为“婴幼儿托育服务与管理”专业,因为“幼儿发展”这个概念包含的范围更大。[①]《指导意见》确立了“家庭为主,托育补充”原则,并指出发展婴幼儿照护服务的重点是为家庭提供科学的养育指导。目前的专业名称有偏离重点之嫌,当然这个问题可以通过合理的专业定位和课程设置来弥补。为此,本书命名为“婴幼儿照护服务政策法规”,容纳了家庭照护的部分内容。

第三,将课程性质定位为选修课程或专业基础课。将婴幼儿照护服务政策法规课程定位为选修课程,不能充分体现其应有的课程价值。这与培育新时代大学生法治素养的目标不相吻合。《教学标准》将其定位为专业基础课,似乎又有拔高之嫌。就该专业而言,该门课程与婴幼儿生理基础、婴幼儿神经与心理发展、婴幼儿营养与喂养、婴幼儿学习与发展等课程的性质完全不在一个层面上。把该课程定位为专业主干课较为恰当,理由是婴幼儿托育服务与管理专业的专业基础应为婴幼儿卫生学、婴幼儿心理学和管理学等,只有在先学习了这些课程之后才能学习本门课程。

第四,课时数整体偏少。教育部尚未正式出台婴幼儿托育服务与管理专业的教学标准,目前亟待克服的问题是将早期教育专业的观念套用到该专业上。要充分认识到法治素养的重要性,重视婴幼儿照护服务政策法规课程对于提升学生法治素养的不可替代性。为此,依据《青少年法治教育大纲》等文件精神和专业的特殊性,我们建议高职院校在婴幼儿托育服务与管理等相关专业的人才培养方案中,将婴幼儿照护服务政策法规定位为专业必修课程,其课时数至少32个学时(2个学分),最多为48个学时。

四、婴幼儿托育服务与管理专业学生应熟知的婴幼儿照护服务政策法规知识体系

婴幼儿托育服务与管理专业学生具有三重身份,即公民身份、大学生身份

① 详情参见网易号文章《蔡建华:加强婴幼儿照护服务人才队伍建设》。https://www.163.com/dy/article/H0ML7DQ105363AG0.html ,2022年6月13日访问。

和专业技术人员身份。依据不同的身份，婴幼儿托育服务与管理专业学生应熟知的婴幼儿照护服务政策法规知识也可以分为三个部分，即作为公民应掌握的通识性政策法律知识、作为大学生应掌握的精细化政策法律知识、作为专业技术人员应掌握的职业性政策法规知识。通识性政策法律知识包括中国特色社会主义法律体系的基本框架、基本制度以及法律常识，这类知识在高中及以下阶段获得。作为大学生应掌握的精细化政策法律知识主要由思想道德修养与法律基础课程提供，或学生通过电视法制节目、报刊专栏、专业App等途径自觉获得。作为专业技术人员应掌握的职业性政策法规知识主要由婴幼儿照护服务政策法规课程提供。

依据知识的广度和深度，本书将婴幼儿照护服务政策法规知识分为三级：最低层级的知识、标准层级的知识和最高层级的知识。最低层级的参考依据为《保育师国家职业技能标准》。该层级的知识远远不能满足行业的现实需求。标准层级的知识是在最低层级的基础上，增加了人口与计划生育法、反家庭暴力法、家庭教育促进法、民法典、刑法（包含修正案十一）等法律知识，《三岁前小儿教养大纲（草案）》《托儿所、幼儿园建筑设计规范》（2019年版）、《托育机构登记和备案办法（试行）》《托育机构婴幼儿伤害预防指南（试行）》等四个政策性文件以及《儿童权利公约》。这些文本在教材中有的进行了专门解读，有的则是概述。标准层级的知识匹配于家庭照护和托育机构的基本需要。想要成为一名出色的专业工作者或具有较强胜任力的托育机构领导者，标准层级的知识也还不够。限于教材容量，最高层级的知识在教材的第一章和附录有所体现。这部分内容供教师选用，学生则根据自己的实际需要进行自学。

要想学好这门课程，师生需要充分使用教材的配套资源包，适当地了解法理学、民法学、行政法学和刑法学的原理与知识，这对理解本书的知识体系大有帮助。同时，时常收看《今日说法》《法律大讲堂》等节目，定期浏览教育部全国青少年普法网、智慧普法平台、司法部、最高人民法院、中国人大网等专业网站，刷刷讲法视频，都是提升自己法治素养的好办法。

目录

第一章
婴幼儿照护服务政策法规概论

学习目标

1. 了解婴幼儿照护服务的价值。
2. 理解婴幼儿照护服务政策与法律的区别与联系。
3. 掌握婴幼儿照护服务政策法律法规的主要类型。
4. 培养学生从整体上把握婴幼儿照护服务政策地图。

学习重点

1. 婴幼儿照护服务政策与法律的区别与联系。
2. 掌握幼儿照护服务政策法律法规的主要类型。

学习难点

国务院与各部委颁布的规范性文件中行政法规、部门规章与对应等级政策的区分。

第一节 婴幼儿照护服务的价值

2019年4月，《国务院办公厅关于促进3岁以下婴幼儿照护服务发展的指导意见》（以下简称为《指导意见》）出台，“婴幼儿照护服务”作为一个正式概念开始频繁地进入政策领域和公众媒体。《指导意见》对照护服务发展的制度安排作了系列的顶层设计，引发一系列与托育发展相关的政策文件出台，也引起社会对托育领域的跟进，由此2019年被称为“托育元年”。随着生育政策进一步优化，三孩政策配套落地，大力发展照护服务的重要性愈加提升。然而，当下社会各领域中均存在忽视或误解早期养育的现象，比如将托育等于照护，将托育机构等同于早教机构或幼儿园。由于科学育儿和教育观念的缺乏，很多民众和政府官员未能充分认识到照护服务的重要价值。因此，本节以脑科学、心理发展、卫生学、人类学和社会学研究成果为依据，论述照护服务的重要价值，以期呼吁政府更加重视照护服务的发展，唤醒公众关心和投身婴幼儿照护服务事业。

一、婴幼儿照护服务的基础

对于生命早期1000天，有两种解释。一种是指从母亲怀孕的胎儿期到儿童两周岁这一时期，这1000天被世界卫生组织定义为个体生长发育的“机遇窗口期”；另一种是指0—3岁，这一时期是决定人一生健康状况的关键时期，因此被称为生命的“黄金1000天”。

（一）十月怀胎与分娩：“宫内三天，宫外一年”①

十月怀胎的意义在于为生命奠基。“宫内三天，宫外一年”，胎儿在母亲子宫里的每一秒钟都非常重要，在母体内没有完成的某些发育，在出生之后是难以弥补的。但一些产妇怕影响体形，或者怕疼，甚至有些父母出于迷信，选择“良辰”进行剖宫产。剖宫产的儿童不仅免疫力降低、协调能力变差，患儿童多动症、感觉统合失调症的概率也会增加。符合医学标准的剖宫产是必要的，不符合医学标准的剖宫产得不偿失。自然分娩是对母婴最好的照护。

（二）1—2岁：人与动物之分的关键一步

人和动物最大的区别是脑容量，人类的脑容量是黑猩猩的3倍左右。黑猩猩出生前大脑已发育1/2，而人类婴儿出生时大脑仅发育1/3。人类的大脑生长发育的关键期是在20周至1岁这一阶段，且具有不可逆性。绝大多数的哺乳动物生下来就可以走，而人类的婴儿长到1周岁才能掌握独立行走技巧。这期

① 易富贤．大国空巢：反思中国计划生育政策[M]．北京：中国发展出版社，2013.02.

间，婴幼儿大脑皮层的神经细胞很脆弱，骨骼尚未定型，对周围环境适应能力差，因此应采取科学合理的保育手段来保护和促进婴幼儿的运动和神经等系统正常生长发育。

（三）2—3岁：初步社会化

语言是人与动物的根本区别之一。在2—3岁这个语言表达发展的关键期，幼儿的词汇量迅速增长，语言表达能力得到快速发展，基本能听懂别人的话、理解游戏规则，也变得不再那么“自私”和“具有攻击性”，开始参与更多的游戏，获得更多的同伴与互动，开始与其他人建立起真正的友谊，成为“一个真正的人”的能力迅速提升。因此不难理解，2周岁是儿童进入社会并成为社会成员的年龄阶段。

二、婴幼儿照护服务的价值

在汉语日常口语中，“照顾”“照护”“照管”“照看”“照料”“照应”等词汇的意思极其相近。在社会学和法学用语中惯用“照顾”。2018年，国家颁布的政策文件选择了“照护”一词。“照护”有照料护理或照料保护之义，对于婴幼儿服务来说，“照料保护”更为可取。按不同的照护主体标准划分，婴幼儿照护可分为婴幼儿亲属照护与婴幼儿非亲属照护。婴幼儿亲属照护也叫家庭婴幼儿照护，即婴幼儿的父母或其他亲属对其提供的照料和保护。婴幼儿非亲属照护也称托育服务，包括家庭式婴幼儿托育服务、社区婴幼儿托育服务和专业服务机构婴幼儿托育服务。具体而言，家庭式婴幼儿托育服务是指婴幼儿的父母或其他监护人委托保姆或者其他服务者在家提供婴幼儿照护的供给方式，其典型形态为在家保姆照护。社区婴幼儿照护服务是指婴幼儿的父母或其他监护人委托社区提供婴幼儿照护的供给方式。专业服务机构婴幼儿照护服务是指婴幼儿的父母或其他监护人委托专门服务机构人员提供婴幼儿照护的供给方式。婴幼儿亲属照护与托育服务的根本区别就是其服务主体不同，前者为双亲或其他监护人，而后者的服务主体是除双亲或其他监护人之外的工作人员。这里主要从托育服务的角度来解读照护服务的价值。

（一）托育服务对婴幼儿的价值

1.护佑婴幼儿健康发展

早期照护的质量与稳定性是决定儿童早期发展质量的关键因素。首先，高质量的托育服务通过提供产前咨询使孕妇获得最好的产前护理，包括营养、运动、产检等，为新生儿的到来做准备。其次，提供确保婴幼儿健康生长和发展所需的条件和环境，大大降低他们接触不利环境的风险。最后，在托育课程和管理上，“养医教”结合的模式能够最大限度地促进婴幼儿发展。

2. 保障婴幼儿基本权益

早期发展滞后不仅会阻碍儿童健康成长和学习资源的获得，甚至会导致这些儿童发展水平和学习能力低下，对儿童的自信心、学习成果和其他社会性发展造成不小的挑战。[①]托育服务能够保障处于不良的家庭经济地位和环境中的弱势儿童的基本权益，不仅能为贫困家庭的儿童提供良好的照护服务，对消除贫困的代际传递等社会问题也起着显著作用。

3. 助益早期特殊干预

婴幼儿的学习与发展是建立在感知运动之上的，身体障碍和心理障碍迫使他们缩小活动范围、降低交往能力，进而产生自卑感、无助感和畏避公开场合等行为。越早识别和干预孤独症谱系障碍[②]越有成效。托育服务能为有发育障碍的新生儿提供更多的养育照护、早期监测和干预。这些早期干预措施通过引导与支持特殊儿童参加各种活动，增强同辈互动，使患儿的语言和行为在游戏中得到潜移默化的影响，体会交流的愉悦，促使其向积极、主动、进取、友善的方向发展。

（二）托育服务对家庭的意义

1. 辅助家庭，矫正其不当抚育

大多数家长虽然能够认识到早期保教的重要性，但普遍缺乏科学的养育观念和方法，这在祖辈中表现尤为突出。托育服务的目标是补充家庭照顾功能的不足，通过提供各种类型的照护服务，协助照顾者养育儿童。“托在机构，育在家庭”，托育机构不仅承担着照护儿童的职责，还要承担指导家庭育儿的职责。托育机构通过对家庭进行的集体或入户育儿指导，提高家长的育儿水平，使其更好地履行“育在家庭”的职责，从而使家庭和托育机构在保教方面能更好地相互配合，使儿童在不同环境中获得一致的发展。

2. 解放妇女，增加劳动力供给

随着性别平等的推进、受教育程度的提升，越来越多的女性走出家庭、走向职场。然而，三孩生育政策的落地，进一步加剧了女性在家庭和工作之间的矛盾。家庭和职场的重担使得她们分身乏术，难以兼顾。托育服务有利于减轻妇女育儿的压力与负担，缓解因延长产假而可能导致的劳动力市场中的性别歧视，助益女性的职业发展，减轻职业女性的后顾之忧。

---

① 沙莉，庞丽娟，刘小蕊. 通过立法强化政府在学前教育事业发展中的职责——美国的经验及其对我国的启示[J]. 学前教育研究，2007，(2)：3-9.

② 孤独症谱系障碍，又称为自闭症(ASD)，是影响到孩子行为、社交和沟通能力的疾病，可以伴随患儿终身，而且会严重损害患儿与他人交流的能力。这种疾病的症状和病情严重程度差异非常大，孤独症儿童症状主要表现为语言障碍、社会交往障碍、兴趣范围狭窄或刻板的行为方式、智能障碍。

3.减少矛盾,提高家庭生活质量

托育服务能够承担临时照料婴幼儿的重要任务,不仅解放了年轻父母的时间与空间,还能有效降低家庭因为照料婴幼儿而产生矛盾的概率,缓解祖辈因照料婴幼儿而产生的身体健康压力、休闲娱乐受限、安全责任压力、育儿矛盾压力等问题,从而维护家庭和谐,提高年轻夫妇和老年夫妻的生活质量。

(三)托育服务对幼儿园的意义

1.发展婴幼儿生活自理能力

在0—3岁这个阶段,养成婴幼儿生活自理能力既适宜又关键。为适应幼儿园生活与学习,婴幼儿需要培养良好的生活自理能力和社会交往能力。托育服务一方面协助发展婴幼儿的生活自理能力,为其日后进入幼儿园学习做铺垫;另一方面为婴幼儿提供更多与同伴相处的机会,让其在同伴关系中构建自我概念,发展基本的运动技巧和社交技能,发展语言能力,获得归属感和稳定感,为儿童学会学习、学会生存的能力奠定基础。

2.帮助婴幼儿缓解入园焦虑

托育服务有助于为婴幼儿建立安全型依恋关系。在日常保育中,工作人员能够对婴儿发出的各种信号、需求给予迅速的反应,以积极饱满的情绪表达与婴幼儿进行互动,由此发展信任与被信任的关系,让婴幼儿逐渐适应与家庭、幼儿园类似的温馨环境,为其创造心理缓冲时期,帮助适龄儿童克服入园焦虑。

(四)托育服务对社会和国家的意义

1.有利于改善人口结构

随着人民生活水平的提升、生育观念的转变以及日益加剧的生活压力,很多夫妻选择不育、晚育或者少生,中国陷入了“少子化”“老龄化”困境。国家统计局网站第七次人口普查主要数据显示:我国0—14岁人口为25338万人,占总人口的17.95%;60岁及以上人口为26402万人,占总人口的18.70%。与2010年相比,0—14岁、60岁及以上人口的比重分别上升1.35个百分点、5.44个百分点。公共服务体系的不完善成为人们放弃二胎的主要原因,其中,0—3岁婴幼儿托育服务的可及性与性价比成为影响人们是否生育二孩的关键。[①]因此,我国已经开始重视发展早期照护和教育事业,通过大力发展托育服务不断完善、更新婴幼儿托育服务体系,以期鼓励生育,增加新生儿数量,缓解将来可能面临的人口长期均衡发展的压力,切实改善人口结构,促进人口均衡发展。

---

① 杨雪燕,高琛卓,井文.典型福利类型下0—3岁婴幼儿托育服务的国际比较与借鉴[J].人口与经济,2019,(02):1-16.

2. 有利于完善公共服务体系

供给良好的服务体系是新时代“幼有所育”的制度保障，也能够满足新时代人民日益增长的美好生活需要。增加托育服务有效供给，有利于增强非基本公共服务弱项。同时，重视托育服务还有利于补齐“重教轻保”的公共服务项目短板。保育的质量也是0—3岁婴幼儿早期照护服务的最大软肋，有“教”无“保”的模式加重了家庭的时间成本和经济负担，因此亟须提升其含金量。要依据婴幼儿发展规律和年龄特征，提供侧重点不同的托育服务项目，寓教于保，育教融合，补齐现实中“重教轻保”的短板。

第二节 我国婴幼儿照护政策与法律的关系

一、政策与法律的关系

(一)政策

对于学术研究和实践分析而言，概念是对话的基础，也是准确认识事物的起点。因此，我们先从理解政策的概念开始，在此基础上走近政策。

1.政策的内涵

陆士桢等认为，政策是“国家机关、政党及其他政治团体在特定时期为实现或服务于社会政治、经济、文化目标所采用的政治行动或规定的行为准则，是一系列谋略、法令、措施、办法、方法、条例等的总称”。①他把政策理解为国家政权机关、政党组织及其他政治集团在特定时期的具体措施或行为准则。本书把政策界定为“国家或执政党为实现一定历史时期的路线而制定的各种行动准则”。

2.政策的分类

政策作为政府对团体和个人行动的有效干预手段，存在于社会生活的各个领域，其数量繁多、形式多样。根据不同的标准，可以有多种不同的分类。例如，根据涉及的领域不同，可以分为国防政策、外交政策、经济政策、人口政策、教育政策等。

按照一般分类方法，政策可以分为元政策、基本政策、具体政策三类。

元政策是关于政策的政策，主要是指那些指导和规范政府政策行为的理念和方法，其内容包括哪些团体和个人按照怎样的程序，根据什么样的原则，采用什么样的方式，如何制定政策等。元政策的功能主要表现在有助于政策制定系统的改进和完善，有助于提高公共政策的决策质量。基本政策是具体政策的主导政策，确定具体政策所应采取的态度、所应依据的假设以及所应遵循的原则，即基本政策是具体政策的制定依据。具体政策是一个较为宽泛的概念，若从广义的角度来看，是指除基本政策以外的所有公共政策，包括实质性政策、战略与策略、规则与程序等。若从狭义的角度理解，则单指实质性政策，主要涉及政府的财政预算和发展计划，以及政府各个部门的相关政策。具体政策最典型的特征是变动性，政府可根据具体情况的变化，随时改变具体政策。因此，其相较于基本政策而言，所持续的时间通常更短。②

① 陆士桢，魏兆鹏，胡伟. 中国儿童政策概论[M]. 北京：社会科学文献出版社，2005:64.
② 赵艳霞. 公共政策分析[M]. 哈尔滨：哈尔滨工程大学出版社，2017:11-13.

除此之外,还可以根据政策目标的多寡,分为单目标政策与多目标政策;根据政策问题的重复程度不同,分为程序性政策与非程序性政策;根据后来政策与先前政策的一致性程度,分为激进型政策与保守型政策;根据政策活动的阶段性特征,分为初始政策和反馈政策;等等。

3.政策的特征

政策的实质是阶级利益的观念化、主体化、实践化反映。其首要特征是阶级性,也是政策最根本的特点。在阶级社会中,政策只代表特定阶级的利益,并不代表全体社会成员的利益。第二个特征是时效性。政策是在一定历史时期内,根据社会条件和具体国情推行的行为准则。第三个特征是目的性。制定政策就是为了解决现实社会中存在的实际问题,明确的目的性是政策的基本特征,没有目的性的政策是不存在的。政策还具有灵活性。虽然政策一经公布,在一定时期内一般是不能随意变动的,应保持一定的稳定性。但其稳定性又是相对的,随着外部环境及自身因素的变化,在政策执行过程中,可以根据情况做出相应的调整和改革,促使政策在不断调整中走向成熟。

4.政策的功能

政策的功能是指政策在运行中为实现一定的目的所发挥的效力。实践表明,政策的功能无论在性质上还是在具体内容上都是丰富多样的,如管制、导向、调控、分配等功能。

管制功能也就是管理和控制功能,为了避免社会秩序的不利因素出现,政策要发挥对目标群体的约束和管制功能。这种功能往往是通过政策的有关条文明确地加以规定,通常采取积极管制和消极管制两种途径达到这一目标,但一般是从"负强化"的角度来实现,保障社会公共生活的和谐运行。

相比之下,导向功能就显得更为积极。政策的导向功能没有具体的领域,可以发生在政治、经济、文化等各个领域。通过规定明确的目标,并用各种激励方式来让人们知道应该怎样去做,怎样才能做得更好,怎样做才是有价值的、值得追求的。概言之,可以起到凝聚人心,团结一致,共同向特定目标奋斗的作用。

与导向功能不同,政策的调控功能主要集中在经济领域,它是指政府运用政策手段对社会生活中出现的利益冲突进行调节与控制,主要体现在调控社会各种利益关系,特别是物质利益关系上。①

政策的存在,是为了解决突出社会问题带来的压力,辅助制定相关规则、促进社会科学发展等,其主要作用是为了"对社会利益进行权威性的分配"。因

---

① 徐彬,安建增. 公共政策概论(修订版)[M]. 安徽:安徽师范大学出版社,2016:14-16.

此,政策还具有分配功能。对社会公共利益进行分配是政策的本质特征,几乎每一项具体政策都会涉及"把利益分配给谁"的问题,即面临"政策使谁受益的问题"。

(二)法律

1.法律的内涵

蔡迎旗认为,法律是"由国家制定或认可并以国家强制力保证实施的,反映由特定物质生活条件所决定的统治阶级意志的规范体系"。[①]从法学角度来看,法律有广义和狭义之分。广义的法律是指国家制定或认可,并以国家强制力保证其实施的行为规范的总和。狭义的法律是指拥有立法权的国家机关依照立法程序制定的规范性文件。[②]在本书中,法律是指由享有立法权的立法机关行使国家立法权,依照法定程序制定、修改并颁布,并由国家强制力保证实施的基本法律和普通法律的总称。

2.法律的渊源

法律的渊源即法律的存在形态或表现形式,一般可分为以下五个层次。

(1)宪法

宪法是我国最重要的法律渊源,具有最高法律效力,是国家的根本大法,也是其他法律的立法依据,其他任何法律不得与宪法相冲突。自1949年后,我国共通过了四部宪法:1954年宪法、1975年宪法、1978年宪法、1982年宪法。1954年宪法反映了当时政治、经济和社会的实际情况,体现了人民的意愿。1975年宪法是"以阶级斗争为纲"作为指导思想的宪法,是对"文革"现状的确认,是徒有宪法之名的权力意志。1978年宪法基本保留了1975年宪法的精神。[③]现行宪法是1982年宪法,已经过1988年、1993年、1999年、2004年和2018年五次修正。

(2)法律

在本书中,法律是指由享有立法权的立法机关行使国家立法权,依照法定程序制定、修改并颁布,并由国家强制力保证实施的基本法律和普通法律的总称。截至2022年4月20日,我国现行有效的法律有292件。

(3)行政法规

行政法规是国务院为领导和管理国家各项行政工作,根据宪法和法律,并且按照《行政法规制定程序条例》的规定而制定的政治、经济、教育、科技、文化、外事等各类法规的总称。由此可知,其制定主体是国务院,依据是宪法和法律,

---

① 蔡迎旗.幼儿教育政策法规[M].北京:高等教育出版社,2014:3.

② 张文显.法理学(第四版)[M].北京:高等教育出版社,北京大学出版社,2011:44.

③ 周永坤.法理学——全球视野(第四版)[M].北京:法律出版社,2016:52-53.

且必须经过法定程序制定，因此具有法的效力，作用是规范行政工作。发布行政法规需要国务院总理签署国务院令，其效力仅次于宪法和法律，高于部门规章和地方性法规。

（4）地方性规章

地方性规章是指省、自治区、直辖市以及较大的市人民政府根据法律、行政法规、地方性法规所制定的普遍适用于本地区行政管理工作的规范性文件的总称。行政规章是行政管理活动的重要依据，其数量之多、适用范围之广、使用频率之高均居行政法各表现形式之首。

（5）部门规章

部门规章是国务院各部门、各委员会、审计署等根据法律和行政法规的规定和国务院的决定，在本部门的权限范围内制定和发布的调整本部门范围内的行政管理关系，并不得与宪法、法律和行政法规相抵触的规范性文件。宪法第九十条第二款规定："各部、各委员会根据法律和国务院的行政法规、决定、命令，在本部门的权限内，发布命令、指示和规章。"部门规章的主要形式是命令、指示、规定等。

3. 法律的特征

一般而言，法律具有四大特征。第一，法律是统治阶级意志的体现，并取决于社会物质生活条件，我国是工人阶级领导的人民民主专政的社会主义国家，所以，我国的法律是阶级性、国家性和人民性的统一。第二，法律是由国家强制力保证实施的行为规范。它以国家政权的强制力为后盾来保证实施，明确规定了人们在各项活动中享有的权利和应该履行的义务。如果违反了相关条款，将会受到对应的惩处和制裁。第三，法律是国家制定或认可的行为规范，这是法律来源上的一个重要特征，法律是由国家通过法定程序采取制定或认可两种方式确定的行为规则，国家制定形成的是成文法，国家认可形成的通常是习惯法。第四，法律是调整各种社会关系的行为规则，社会是指以物质生产为基础而结成的人们的总体，法律调整指向人的行为，是对人们行为所设立的标准，即调整一定的社会关系。

4. 法律的功能

一般而言，法律有以下五个功能。第一，法律对个体行为的指引作用，包括确定的指引和有选择的指引。确定的指引一般是规定义务的规范所具有的作用，有选择的指引一般是规定权利的规范所具有的作用。第二，法律作为尺度和标准对他人行为的作用，即评价作用。作为一种社会规范，法律具有判断、衡量他人行为是否合法或有效的评价作用。第三，法律具有教育作用，其作用的对象是一般人的行为。有人因违法而受到制裁，固然对受制裁人有教育作用，反过来，人们的合法行为及其法律后果也同样对他人的行为具有示范作用。第四，法律具有预测作用，或者说，法律有可预测性的特征，即依靠作为社会规范的法律，人们可以预先估计到他们相互之间将如何行为。预测作用的对象是人们相互的行为，包括国家机关的行为。第五，法律还具有强制作用，即运用国家强制力制裁、惩罚违法犯罪行为。这种规范作用的对象是违法者的行为。法的强制行为不仅在于制裁违法犯罪行为，而且还在于预防违法犯罪行为，增进社会成员的安全感。法律明确了公民要履行的义务，也保障了每一个公民的权利，所以法律条文的实施可以促进和保障社会的长治久安、健康发展。

（三）政策与法律的关系

1.政策与法律的联系

大多数人在遣词造句的时候，都有将“政策”和“法律”两个词放在一起使用的习惯，可见二者密切的关系。政策与法律都属于上层建筑，都具有权威性。我国人民代表大会制度的政治体制决定了法律和政策在本质上是一致的，都代表人民群众的利益和意志。通常而言，党的政策对国家各项事业的发展起着指导作用，制定和执行法律法规，要以党的政策作为根本依据。[①]政策先行，而后有法律，政策起指导作用，法律是保证政策具体落实的手段。

2.政策与法律的区别

首先是制定机关和程序的差异。法律的制定主体是国家立法机关，一经颁布后具有较强的稳定性，修改要经过固定、严格的程序；政策的制定主体是党和国家机关，可随形势变化做出较为迅速的反应和调整，具有灵活性。其次是两者的规范形式和实施方式也不同。法律的规范形式表现为规范性法律文件或国家认可的其他渊源形式，以规则为主，具有严格的逻辑结构，权利义务的规定具体、明确；而政策则不具备这种明确、具体的规范形式，通常表现为决议、决定、声明、通知等，更具纲领性、原则性和方向性。二者实施方式的不同在于，法律的实施与国家强制相关，是有组织、专门化和程序化的；而政策以法律手段为保障实施，不与国家强制相关，除非其转化为法律。最后，若有违反政策或法律的情况发生，后果也不尽相同。违反法律要承担相应的法律责任；违反政策则要接受党纪政纪的处分。

① 李红霞，朱萍，周玲玲．幼儿教育政策法规[M]．北京：高等教育出版社，2015：17.

第三节

婴幼儿照护服务政策与婴幼儿照护服务法律

婴幼儿照护服务是指3岁以下婴幼儿的父母或其他监护人、托育机构工作人员等对婴幼儿的进食、睡眠、活动等日常生活事务的照料、对身体异常的治疗、对身心发展特殊状态的干预和教育等一系列活动的总称。世界卫生组织等机构发布的《养育照护技术框架》中指出，健康、充足的营养、回应性照护、早期学习的机会和安全是养育照护的五个组成部分。①

资料链接

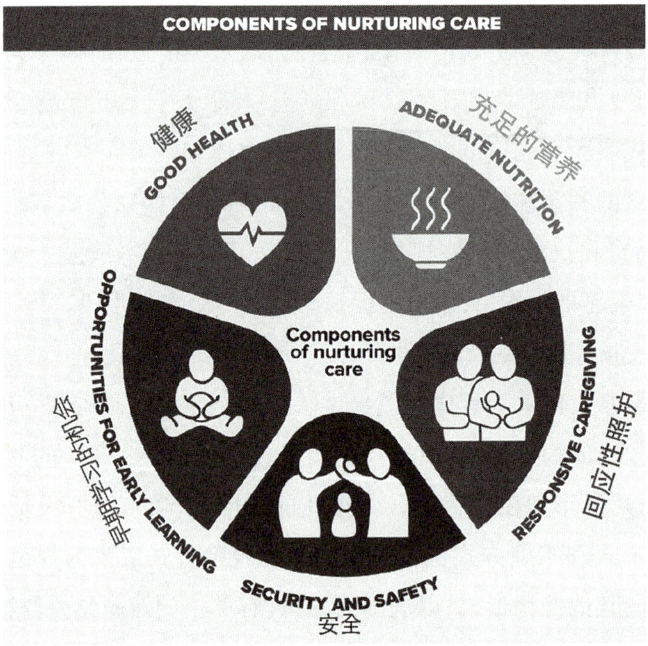

图1-3-1　养育照护组成部分

结合上述定义，婴幼儿照护服务应遵循养医教结合原则："养"其健康，"医"其病症，"教"其学习。其中，"养"是第一位的，"医"辅之于"养"，"教"立基于"养"和"医"之上。因此，本书认为婴幼儿照护服务政策是指，为了保障3岁以下婴幼儿身心的健康发展，国家、政党单独或联合发布关于婴幼儿获得养育、医疗、教育等服务的各种规范性文件，具体包括财政支持、人才培养、土地保障等托育服务支持政策、托育机构内部规范标准以及相关的早期教育政策。

根据婴幼儿照护主体的不同，婴幼儿照护服务政策可分为婴幼儿家庭照护

① NurturingCare for Early Childhood Development: a Framework for Helping Children Survive and Thrive to Transform Health and Human Potential[R].Geneva:WHO,2018.

政策和托育服务政策。前者是家庭政策的重要组成部分,后者是公共政策的组成部分。按照婴幼儿照护内容的不同,婴幼儿照护服务政策分为卫生健康政策和教育政策。按照政策制定主体的不同,婴幼儿照护服务政策分为党政联合发文婴幼儿照护服务政策、国务院单独发文婴幼儿照护服务政策和各部委发文婴幼儿照护服务政策。

一、婴幼儿照护服务政策类型

(一)党政联合发文婴幼儿照护服务政策

党政联合发文是我国制定、颁发制度性和政策性文件的一种常用形式。党的十八大以来,党政联合发文在我国治国理政实践中发挥着独特的治理功能,围绕国家治理现代化中的综合性、全局性和基础性问题提出一系列新举措、新战略。学界对党政联合发文的属性界定存在"国法说""党规说""双重属性说""政策说"等观点[①]。本书认为,党政联合发文属政策,可分为中共中央与国务院联合发文政策、中共中央办公厅与国务院办公厅联合发文政策。党政联合发文婴幼儿照护服务政策主要有《关于全面加强人口和计划生育工作统筹解决人口问题的决定》(2006)、《中共中央、国务院关于优化生育政策促进人口长期均衡发展的决定》(2021)等。

(二)国务院单独发文婴幼儿照护服务政策

国务院单独发文婴幼儿照护服务政策包括国发婴幼儿照护服务政策和国办发婴幼儿照护服务政策。国发婴幼儿照护服务政策包含在国发综合性政策文件之中,主要是2001年以来的三个"妇女发展纲要"、1991年以来的四个"儿童发展纲要"、人口规划政策、早期教育政策和残疾人政策等。最具针对性的国办发婴幼儿照护服务政策当属2019年5月9日发布的《国务院办公厅关于促进3岁以下婴幼儿照护服务发展的指导意见》,其中提出建立完善促进婴幼儿照护服务发展的政策法规体系、标准规范体系。该文件是婴幼儿照护服务政策重要的文件。2020年12月31日颁布的《国务院办公厅关于促进养老托育服务健康发展的意见》虽然将"托育服务"与"养老服务"融合在一起,但该文件就养老托育服务的政策体系、服务供给、发展环境和监管服务等方面提出了23条具体举措。

---

① 参见郭世杰:《论党内法规向国家法律转化的具体路径》,载《中共福建省委党校学报》,2019年第1期;欧爱民,李丹:《混合性党规的正当性证成与适用范围——党政联合制定党规的一种理论回应》,载《中南大学学报(社会科学版)》,第26卷第1期;张海涛:《"国家法律高于党内法规"的理论反思与关系重构——一个社会宪治的分析进路》,载《湖北社会科学》,2020年第3期;屠凯:《党内法规的二重属性:法律与政策》,载《中共浙江省委党校学校》,2015年第5期。

（三）各部委发文婴幼儿照护服务政策

各部委发文婴幼儿照护服务政策主要由国家卫生健康委员会、人力资源和社会保障部、教育部、国家发展和改革委员会等部门分别或联合发文，其中国家卫生健康委员会发文婴幼儿照护服务政策最多。2019年5月以前发布的婴幼儿照护服务政策数量少、针对性不强、实效性不高；2019年5月以后发布的婴幼儿照护服务政策数量多、针对性强、可行性高。2019年5月以后出台的婴幼儿照护服务政策超过了过去70年的总数。在此之前，各部委发文婴幼儿照护服务政策聚焦于托儿所、母婴生活、早期教育规范和家庭教育政策，呈现零散状。2019年5月以后各部委发文婴幼儿照护服务政策更具系统性。

各部委发文婴幼儿照护服务政策主要包括母婴和家庭教育政策，比如2015年的《家政服务 母婴生活护理服务质量规范》和2019年修订的《全国家庭教育指导大纲（修订）》；婴幼儿照护服务支持优惠政策，比如2019年的《关于养老、托育、家政等社区家庭服务业税费优惠政策的公告》规定了税收、保险和土地优惠政策；托育服务机构标准，比如《托育机构设置标准（试行）》《托育机构保育指导大纲（试行）》和《托育机构负责人培训大纲（试行）》等；托育服务人才培养政策，比如《职业教育专业目录（2021年）》等。

二、婴幼儿照护服务法律

（一）宪法

婴幼儿照护服务虽然在1982年宪法中找不到直接条款，但是第四十九条具有高度关联，其中规定："婚姻、家庭、母亲和儿童受国家的保护。夫妻双方有实行计划生育的义务。父母有抚养教育未成年子女的义务，成年子女有赡养扶助父母的义务。禁止破坏婚姻自由，禁止虐待老人、妇女和儿童。"该条第一款是婴幼儿照护服务总规定，第三款规定抚养婴幼儿是父母的法定义务，第四款是对婴幼儿照护的禁止条款。

（二）法律

婴幼儿照护服务的相关法律不少，关键是如何界定相关程度。本书以养医教原则为标准、以"四育（生育、养育、体育、教育）"为中心确立相关度。第一，与生育关联的法律是人口与计划生育法、母婴保健法。2021年8月20日，为贯彻落实《中共中央、国务院关于优化生育政策促进人口长期均衡发展的决定》的基本精神，全国人大常委会第二次修正了人口与计划生育法，针对婴幼儿照护服务作出了多项规定。比如第十一条、第二十七条、第二十八条、第二十九条、第三十条、第四十一条等，就婴幼儿照护服务目的、发展婴幼儿照护服务事业体制机制和法律责任做了专门规定。第二，与养育相关的法律为食品安全法、基本医疗卫生与健康促进法、传染病防治法、疫苗管理法等。民以食为天，婴幼儿也不例外，故食品安全法次之，主要就婴幼儿食品的营养成分、婴幼儿配方食品生产、违法责任作了特殊规定。疫苗管理法就婴幼儿入托查验预防接种证和违法责任等作了有针对性的规定。第三为保护法，即未成年人保护法和反家庭暴力法。未成年人保护法是包括婴幼儿在内的儿童保护基本法律，因此排在前面。第四为体育法、教育法和残疾人保障法，其中残疾人保障法有专门针对残疾婴幼儿的内容。第五为专门针对婴幼儿照护服务的法律责任及其赔偿，分为民事法律责任、刑事法律责任等，有《民法典》(婚姻家庭编第五章，第一千一百六十九、一千一百八十八、一千一百八十九、一千一百九十九、一千二百零一条)和刑法(第二百三十六、二百四十、二百四十一、二百四十二、二百六十、二百六十一、二百六十二条)。刑法关于婴幼儿照护服务违法责任涉及强奸幼女罪，虐待被监护人、看护人罪，遗弃罪，拐卖妇女儿童罪，收买被拐卖的妇女、儿童罪等罪名。第六为劳动法。《保育师国家职业技能标准》规定保育师的相关法律有劳动法，其实质在于要求保育师能运用劳动法保护自己。

(三)行政法规

婴幼儿照护服务相关行政法规是与其上位法律大致配套的，主要有《中华人民共和国母婴保健法实施办法》《乳品质量安全监督管理条例》《中华人民共和国食品安全法实施条例》《全民健身条例》《学校卫生工作条例》《教师资格条例》《中华人民共和国民办教育促进法实施条例》《残疾预防和残疾人康复条例》《残疾人教育条例》《中国公民收养子女登记办法》《社会救助暂行办法》等。

(四)部门规章

婴幼儿照护服务的部门规章较少，目前只找到两部，且现行有效的只有一部。第一部为1995年的《母乳代用品销售管理办法》，已于2017年废止。第二部为2010年的《托儿所幼儿园卫生保健管理办法》。

关于婴幼儿照护服务的国际性约定有1989年联合国颁布的《儿童权利公约》，我国是其缔约国和签署国，故对我国婴幼儿保护也有一定的约束力。我国一般不直接援用国际法，只能转化成国内立法。其他关于婴幼儿照护服务的国际性文件详见书后附录。

三、婴幼儿照护服务政策与法律的关系

由上文政策与法律的关系可以推论婴幼儿照护服务政策与法律的关系。婴幼儿照护服务政策指导婴幼儿照护服务法律，婴幼儿照护服务法律是对婴幼儿照护服务政策的具体化。此处不再赘述。

为了帮助读者尽快获知关于婴幼儿照护服务政策法规体系的知识地图，本

书尝试呈现一个较为完整，且分门别类、便于查阅的婴幼儿照护服务文件目录，但是政策法规的分类是个非常复杂的问题。基于不同的价值和标准，有完全不一样的分类。比如有公共政策论者指出当代中国的公共政策由四部分构成，即党的政策、人大立法、行政决策和司法解释。[①]这种将法律法规直接纳入政策大旗之下在法学界极为少见。在我国，政策是法律的渊源之一。将法律置于政策范畴之内，不利于改变我国过去长期以政策代法律的问题。当下，我国正在全面推进法治社会建设，坚持法律至上的价值取向更为可取。因此，本书关于婴幼儿照护服务文件汇编的分类秉持先法律、后政策的取向。

① 谢明．公共政策导论(第四版)[M]．北京：中国人民大学出版社，2015:31-34.

第四节
婴幼儿照护服务政策法规的历史演进

上文从横向的角度简单梳理了婴幼儿照护服务政策法规体系，整体上把握了其全貌。下文将从历史的角度，展现婴幼儿照护服务政策法规的内容深度，让这幅“地图”更有立体感。本书以1983年和2019年两个节点作为婴幼儿照护服务政策法规演进的分界点，将1949年至今的婴幼儿照护服务政策法规演进划分为三个阶段，即第一阶段（1949年至1983年）、第二阶段（1984年至2018年）和第三阶段（2019年至今）。1984年是《中共中央关于经济体制改革的决定》出台时间，标志着我国逐渐告别计划经济时代，开始探索建立社会主义市场经济体制。将1984年作为婴幼儿照护服务政策的一个时间节点，可以清晰地看出我国婴幼儿照护服务事业受到经济体制改革的重大影响。2019年颁布的《国务院办公厅关于促进3岁以下婴幼儿照护服务发展的指导意见》则是新时期婴幼儿照护服务政策的分水岭。

一、第一阶段（1949—1983）

新中国成立初期，由于国家经济建设对妇女劳动力的需求，婴幼儿照护服务政策基本服务于妇女就业之需。

1949年3月，中国妇女第一次全国代表大会上通过的《关于中国妇女运动当前任务的决议》指出，要逐步解除束缚妇女的封建习俗，通过开办托儿所等方式发展妇女儿童福利事业，改善妇女生活。1950年8月，在中华全国总工会召开的第一次全国女工工作会议上，普通劳工阶层妇女的子女也被纳入公共照顾范围。同年9月，中华全国民主妇女联合会第三次执行委员会扩大会议对新中国成立以来的妇女工作进行了总结：“妇女只有参加生产才能真正享受男女平等的各项权利，因此各地妇联应配合工会、生产机关，教育组织妇女参加生产，围绕生产方针，进行儿童保育、妇婴卫生等工作。”在妇女组织的推动下，城市托幼服务率先作为职工的集体福利在劳动法规中得到了确立。1951年2月，政务院颁布《中华人民共和国劳动保险条例》，规定了女工人和女职员的生育待遇。1953年1月，《中华人民共和国劳动保险条例实施细则修正草案》第五十一条规定：“实行劳动保险的企业的女工人、女职员，有四周岁以内的子女二十人以上，工会基层委员会与企业行政方面或资方协商单独或联合其他企业设立托儿所。”1955年1月，国务院批准的《教育部关于工矿企业自办中学、小学和幼儿园的规定》提出，各工矿、企业利用单位财政预算创办托幼机构，以此解决本单位职工子女的入托需求。这一时期,托儿所、幼儿园没有明确的划分标准。为此,教育部小学教育司于1950年12月致函政务院文化教育委员会,陈述了托儿所、幼儿园的划分和领导关系问题。[①]1956年2月,教育部、卫生部等部门联合颁发了《关于托儿所幼儿园几个问题的联合通知》,明确了"招收三周岁以下的儿童者为托儿所,收三至六周岁的儿童者为幼儿园","托儿所由卫生行政部门领导,幼儿园则由教育行政部门领导"。这及时解决了妨碍保教事业发展的领导管理体系问题,托儿所工作得到了整顿与提高。同年3月,教育部颁布的《关于中小学、师范学校的托儿所工作的指示》指出,"为解决女教师带孩子的困难,应动员多方力量,积极举办各种类型的托儿所"。政府坚持"两条腿"走路的方针发展托幼服务。

1958年5月,党的八大二次会议召开,会议确定了"鼓足干劲,力争上游,多快好省地建设社会主义"的总路线,很快全国掀起了"大跃进"的高潮。在此背景下,托幼事业的"大跃进"也随之而来,改变了新中国成立以来托幼服务平稳发展的局面。1958年9月颁布的《中共中央、国务院关于教育工作的指示》指出,在短时间内完成"学龄前儿童大多都能入托儿所、幼儿园"的任务。同年12月,党的八届六中全会通过了《关于人民公社若干问题的决议》,将"办好托儿所和幼儿园"列入人民公社发展的任务中。在当时强调数量的形势下,"三天托儿化""一夜托儿化""实行寄宿制,消灭三大差别"等情况纷纷在农村出现,远远超越了当时我国农村经济发展水平,违背了托幼事业发展的客观现实。[②]1960年7月,中共中央批转劳动部、全国总工会、妇联党组的《关于女工劳动保护工作的报告》指出,"公共托幼服务的开展提高了女工的出勤率"。

"文化大革命"严重影响了新中国成立以来政治、经济等各项事业的发展,托幼服务也未能幸免。"文化大革命"早期,托幼服务发展停滞甚至一度倒退,直到"文化大革命"后期,"晚、稀、少"的计划生育政策开始推行,提高人口素质成为这一时期托幼服务发展的新动力。与实现妇女解放、强调儿童"看护"相比,"优生优育"话语体系更加强调对儿童的"教育"。

1978年9月,中国妇女第四次全国代表大会指出:"哺乳室、托儿所、幼儿园等幼托事业,是实现家务劳动社会化的重要方面。"1979年3月,在全国妇联第四届常务委员会第二次扩大会议上,全国妇联副主席罗琼在发言中提出,"恢复和发展托儿所、幼儿园、哺乳室,减轻职工的后顾之忧"。1979年《政府工作报告》中提出"加强幼儿教育,重视托儿所、幼儿园的发展"。同年7月24日至8月

① 刘彦华. 中国学前教育史[M]. 北京:光明日报出版社. 2010:142.

② 刘彦华. 中国学前教育史[M]. 北京:光明日报出版社. 2010:142.

7日，经中共中央和国务院批准，由教育部、卫生部、劳动总局、全国总工会和全国妇联联合召开了全国托幼工作会议，这是新中国成立以来托幼工作空前受到重视的一次会议。会议就加强托幼工作的统一领导和分工合作、保障托幼工作经费和保教人员福利待遇、坚持托幼服务“两条腿走路”的方针、努力提高保教质量等问题提出了指导性意见。10月，中共中央、国务院转发了《全国托幼工作会议纪要》。1980年1月，国务院托幼工作领导小组及其办事机构成立，便于托幼事业的集中管理。1982年中央机构改革，撤销了国务院托幼工作领导小组及其办事机构，这导致了后来婴幼儿托育服务管理分工不清、职责不明的问题。1980年11月，卫生部颁发的《城市托儿所工作条例(试行草案)》对托儿所进行了重新定位，强调托儿所以保为主、坚持保教并重的发展方针。

1981年6月，卫生部妇幼卫生局颁布的《三岁前小儿教养大纲(草案)》较为详细地阐明了3岁以前儿童教养的各方面问题，这是我国历史上第一部为3岁前儿童制定的教养大纲，表明在改革开放初期3岁前儿童教育进入了政府行为。1983年人民公社制度被取消，农村托幼服务不再是以人民公社为供给主体的集体福利事业，转而依托乡镇政府。

此阶段的婴幼儿照护政策呈现出如下特征：第一，婴幼儿照护政策服务于妇女解放和国家经济建设；第二，托幼政策的重点是关注城市，较少关注农村地区婴幼儿照护；第三，托幼事业具有较强的福利属性。

二、第二阶段(1984—2019)

1984年10月，党的十二届三中全会通过《中共中央关于经济体制改革的决定》后，为增强企业活力，企业开始将托育服务推向社会。1985年12月，卫生部颁发《托儿所、幼儿园卫生保健制度》，就托儿所生活制度、饮食营养等多项工作作出了详尽的规定。1987年9月，城乡建设环境保护部、国家教育委员会颁布了《托儿所、幼儿园建筑设计规范(试行)》，对托儿所建筑设计、建筑设备等作出了规范要求。同年10月，国务院办公厅转发了国家教育委员会等部门《关于明确幼儿教育事业领导管理职责分工请示的通知》，明确托幼事业必须在政府统一领导下，依靠多方面力量，多渠道发展托幼事业。1988年8月，国务院办公厅转发国家教委等八部门出台的《关于加强幼儿教育工作意见的通知》，指出幼儿教育不属于义务教育，养育子女是家长应尽的义务，家长送子女入园要承担一定的费用。至此，托幼服务不再被列入国家的福利保障范围，家庭按需向市场购买，儿童照顾责任重新回归家庭。

1992年2月，国务院发布了《九十年代中国儿童发展规划纲要》。这是我国第一部以儿童为主体、促进儿童发展的国家行动计划。政策对象主要是3岁以上儿童。1994年10月，第八届全国人民代表大会常务委员会第十次会议通过了《中华人民共和国母婴保健法》，详细规定了女性婚前、孕产期的母婴保健工作，并从技术、管理、法律责任等方面对相关人员、部门作出要求。1994年12月，卫生部、国家教委颁发《托儿所、幼儿园卫生保健管理办法》，具体安排了托幼机构的保健工作，2010年卫生部、教育部进行了修订。1995年发布的《中国妇女发展纲要1995—2000》提出："提倡夫妻共同承担家务劳动和抚育子女"，并要"发展托幼事业和家务劳动服务事业，使职业妇女的家务负担得到减轻"。1999年6月，《中共中央国务院关于深化教育改革 全面推进素质教育的决定》指出，重视婴幼儿的身体发育和智力开发，普及婴幼儿早期教育的科学知识和方法。2001年5月，国务院颁发的《中国儿童发展纲要（2001—2010年）》在发展学前教育的部分提到了发展0—3岁儿童早期教育，建立并完善0—3岁儿童教育管理体制。紧接着5月，国务院又印发了《关于基础教育改革与发展的决定》，提出依托社区发展多种形式的儿童早期教育服务。2003年3月，国务院转发教育部、中央编办等部门《关于幼儿教育改革与发展指导意见的通知》，强调为0—6岁儿童提高早期保育和教育服务，不断提升家长和看护人员的科学育儿能力。也就是说，对于3岁以下婴幼儿的早期教育，政府主要提供科学的育儿指导，其照顾责任主要在家庭。2006年12月，中共中央、国务院发布的《关于全面加强人口和计划生育工作统筹解决人口问题的决定》再次强调，大力普及婴幼儿抚养和家庭教育的科学知识，开展婴幼儿早期教育。

2010年2月，全国妇联、教育部等部门颁布《全国家庭教育指导大纲》，明确了0—3岁年龄段家庭教育指导的内容及要求。同年7月，中共中央、国务院颁布的《国家中长期教育改革和发展规划纲要（2010—2020年）》提出要重视0至3岁婴幼儿教育。2011年8月颁布的《中国儿童发展纲要（2011—2020年）》强调0—3岁儿童综合发展机构的公益普惠性，并指出要加快培养0—3岁儿童早期教育专业化人才。《中国妇女发展纲要（2011—2020年）》提出，开展托幼等家庭服务，使妇女能够更好地平衡工作和家庭的双重责任，发展公共托幼服务，为婴幼儿家庭提供支持。为了探索发展0—3岁婴幼儿早期教育的模式与经验，2012年4月，《教育部办公厅关于开展0—3岁婴幼儿早期教育试点工作有关事项的通知》一文，实现了我国0—3岁婴幼儿早期教育实践方面的重要突破。同年6月，教育部印发的《国家教育事业发展第十二个五年规划》提出，积极开展公益性0—3岁婴幼儿早期教育指导服务。2015年1月，国务院办公厅印发的《国家贫困地区儿童发展规划（2014—2020年）》做出部署，从新生儿的出生健康开始，到营养、卫生保障，再到开展婴幼儿早期保教。同年6月，国家质量监督检验检疫总局和中国国家标准化管理委员会发布《早期教育服务规范》。

为适应我国人口、经济发展新形势，促进人口长期均衡发展，自2011以来，我国生育政策相继作出“双独二孩”“单独二孩”到“全面三孩”的调整。国家开始重视与生育政策相配套的托育服务体系建设。2016年1月，中共中央、国务院颁布的《关于实施全面两孩政策改革完善计划生育服务管理的决定》指出，要合理配置儿童照料等公共服务资源，引导和鼓励社会力量举办普惠性托儿所。2017年1月国务院印发的《国家教育事业发展“十三五”规划》提出，发展0—3岁婴幼儿早期教育，探索建立以幼儿园和妇幼保健机构为依托，面向社区、指导家长的公益性婴幼儿早期教育服务模式。2017年10月，党的十九大报告强调坚持在发展中保障和改善民生，“幼有所育”首次被单独列出，排在七项民生事务之首，成为我国新时期民生发展的重要目标。同年12月，中央经济工作会议在北京举行，指出要解决好婴幼儿照护和儿童早期教育服务问题。2018年《政府工作报告》中提到运用互联网等信息化手段对儿童托育中育儿过程加强监管。

这一时期，婴幼儿照护服务呈现家庭化、早教化和市场化，家庭出现了入托难、入托贵问题，加剧人口少子化。

三、第三阶段（2019年至今）

2019年1月，国家发展和改革委员会、中央宣传部、教育部等18个部门印发的《加大力度推动社会领域公共服务补短板强弱项提质量 促进形成强大国内市场的行动方案》提出增加托育服务有效供给。同年3月的《政府工作报告》根据“全面两孩”政策实施后的新情况，作出加快发展多种形式的婴幼儿照护服务、支持社会力量兴办托育服务机构的决定。3月26日，人力资源和社会保障部办公厅颁布了劳动关系协调员等16个国家职业技能标准，其中包括育婴员和保育员的国家职业技能标准。

为促进解决“幼有所育”问题，2019年5月，《国务院办公厅关于促进3岁以下婴幼儿照护服务发展的指导意见》发布，从总体要求、主要任务、保障措施、组织实施四个方面对婴幼儿照护服务工作进行统筹规划，首次明确了有关部门在0—3岁婴幼儿照护服务事业中的具体职责，并指出国家、社区、市场、家庭等主体在婴幼儿照护中的角色和作用。2019年6月，财政部、税务总局、国家发展和改革委员会等部门颁布《关于养老、托育、家政等社区家庭服务业税费优惠政策的公告》，详细阐述了养老、托育、家政等社区家庭服务业的各项税费优惠政策。2019年8月，《中国银保监会办公厅关于推动银行业保险业支持养老、家政、托幼等社区家庭服务业发展的试点方案》指出，银行保险机构要规范婴幼儿照护服务机构的授信准则，不断创新开发相关保险产品，促进托幼事业健康发展。

在师资队伍建设上，2019年9月，教育部等七部门出台《关于教育支持社会服务产业发展 提高紧缺人才培养培训质量的意见》，从学科布局、人才培养、职业培训、教学标准等方面对育幼领域人才培养体系提出新要求。2019年10月，国家发展和改革委员会、国家卫生健康委员会印发《支持社会力量发展普惠托育服务专项行动实施方案（试行）》，方案明确了3岁以下托育服务属于非基本公共服务范围，坚持社会化发展托育服务，在全国城市范围内，通过财政支持的方式引导普惠性托育服务的发展。同月，为加强托育机构专业化、规范化建设，国家卫生健康委员会印发了《托育机构设置标准（试行）》和《托育机构管理规范（试行）》，就托育机构的设置要求、场地设施、人员规模、托收管理、保育管理、健康安全管理、人员管理等多项内容作出了明确规定。2019年12月，国家卫生健康委员会、民政部等部门制定了《托育机构登记和备案办法（试行）》。2020年1月，国家发展和改革委员会、国家卫生健康委员会发布《关于组织实施普惠托育服务专项行动的通知》，明确各省份申报托位数、部门职责等内容。2020年7月，国家卫生健康委员会组织编写了《婴幼儿喂养健康教育核心信息》。2020年7月，国务院办公厅发布的《关于支持多渠道灵活就业的意见》指出，增强托幼服务业的吸纳就业能力，开展托幼技能的针对性培训，并落实培训补贴和生活费补贴。2020年10月，人力资源和社会保障部、民政部、财政部等部门颁发《关于实施康养职业技能培训计划的通知》，明确了婴幼儿照护服务从业人员的培训制度、培训标准体系、职业技能评价体系等内容。这弥补了我国托育服务政策在从业人员职业认证标准和培训体系上的缺失。

2020年10月，中国共产党第十九届中央委员会第五次全体会议就制定国民经济和社会发展"十四五"规划和二〇三五年远景目标提出建议，指出实施人口老龄化国家战略需要制定人口长期发展战略，优化生育政策，提高优生优育服务水平，发展普惠托育服务体系。2020年12月，国务院办公厅发布《关于促进养老托育服务健康发展的意见》，从政策体系、服务供给、发展环境、监管服务四个方面展开，系统阐述了如何推动托育服务健康发展。2021年1月，国家卫生健康委员会颁布《托育机构保育指导大纲（试行）》，根据婴幼儿的月龄特点，提出了营养与喂养、睡眠、生活与卫生习惯、动作、语言、认知、情感与社会性七个方面的发展目标、保育要点以及指导建议。同月，国家卫生健康委员会办公厅又发布了《托育机构婴幼儿伤害预防指南（试行）》，针对3岁以下婴幼儿常见的伤害类型，为托育机构从业人员开展伤害预防提供了技术指导与参考。2021年《政府工作报告》指出要加强保障婴幼儿照护服务。2021年3月，国家发展和改革委员会、中央宣传部、教育部等部门共同印发《国家基本公共服务标准

(2021年版)》,第一部分是幼有所育,具体包括优孕优生服务、儿童健康服务以及儿童关爱服务三方面的内容。2021年5月,国家卫生健康委员会、国家发展和改革委员会印发《关于开展全国婴幼儿照护服务示范城市创建活动的通知》,旨在形成一批可复制、可推广的典型经验,探索一批切实管用的政策举措。2021年6月,为积极应对人口老龄化,扩大养老托育服务有效供给,国家发展和改革委员会、民政部、国家卫生健康委员会共同制定了《"十四五"积极应对人口老龄化工程和托育建设实施方案》。

适应人口形势新变化、高质量发展新要求,2021年6月,中共中央、国务院颁布的《关于优化生育政策促进人口长期均衡发展的决定》提出,实施一对夫妻可以生育三个子女的政策及配套支持措施,国家进一步放开生育,同时致力于健全托育服务体系。同年7月,为推进实施《"十四五"积极应对人口老龄化工程和托育建设实施方案》,落实养老托育项目的中央预算内投资支持标准,国家发展和改革委员会等部门印发了《关于编报积极应对人口老龄化工程和托育建设2021年中央预算内投资计划建议的通知》。2021年8月19日,国家卫健委颁布《托育机构负责人培训大纲(试行)》和《托育机构保育人员培训大纲(试行)》。2021年12月2日,人社部办公厅颁发《婴幼儿发展引导员国家职业技能标准(2021年版)》和《保育师国家职业技能标准(2021年版)》。2021年12月,国家卫健委颁布《托育机构婴幼儿喂养与营养指南(试行)》和《托育综合服务中心建设指南(试行)》。2022年1月19日国家卫健委办公厅等颁发《托育机构消防安全指南(试行)》,4月颁发《托幼机构新冠肺炎疫情防控技术方案(第五版)》。

该时期婴幼儿照护服务政策有以下三个特点:一是养老托育政策一体化;二是婴幼儿照护服务政策体系化和精准化;三是服务于人口生育政策。

本章小结

托育服务对婴幼儿而言,可以护佑其健康发展、维护基本权益、助益早期特殊干预;对家庭而言,可以辅助家庭养育、解放妇女、提高家庭生活质量;对幼儿园而言,可以发展婴幼儿生活自理能力、缓解入园焦虑;对社会和国家而言,有利于改善人口结构失衡、完善公共服务体系。

婴幼儿照护服务政策是为了保障3岁以下婴幼儿身心的健康发展,党政单独或联合发布关于婴幼儿获得养育、医疗、教育等服务的各种规范性文件,具体包括财政支持、人才培养、土地保障等托育服务支持政策,托育机构内部规范标准以及相关的早期教育政策。按照政策制定主体不同,狭义的婴幼儿照护服务政策分为党政联合发文婴幼儿照护服务政策、国务院发文婴幼儿照护服务政策和各部委发文婴幼儿照护服务政策。

1949年新中国成立后，婴幼儿照护服务政策发展可分为三个阶段：第一阶段为1949至1983年；第二阶段为1984至2019年；第三阶段为2019年至今。

推荐阅读

1. 国家法律法规数据库

推荐理由：国家法律法规数据库收录了宪法和现行有效法律292件，法律解释25件，有关法律问题和重大问题的决定147件，行政法规609件，地方性法规、自治条例和单行条例、经济特区法规16000余件，司法解释637件，涵盖了中国特色社会主义法律体系最主要的内容。国家法律法规数据库官网链接地址见上，用户还可以通过登录微信小程序“国家法律法规数据库”进行访问。

2. 国家卫生健康委员会官网

推荐理由：婴幼儿照护服务政策多数出自国家卫生健康委员会，通过该网站可获知最新和历史上的各种政策文本。

3. 张利洪. 学前教育政策法规与职业道德[M]. 重庆：西南大学出版社，2022.

推荐理由：婴幼儿照护服务政策与学前教育政策法规有交叉部分，该书中有专章讨论婴幼儿照护政策法规。

第二章

婴幼儿权利及其保护

学习目标

1. 了解婴幼儿权利及其保护。
2. 掌握婴幼儿权利的性质和构成内容。
3. 培养学生对婴幼儿权利的保护意识。

学习重点

1. 掌握婴幼儿权利的性质。
2. 掌握婴幼儿权利的构成内容。

学习难点

掌握保障婴幼儿权利的路径。

第一节 婴幼儿权利概论

一、权利与婴幼儿权利

(一)权利

“权利”的概念最初形成于罗马法理论中,与现代意义上的“权利”意义有所差异。关于权利本质的学说很多,其界定集中于伦理式和实证式。如格劳秀斯把权利看作道德资格,认为权利就是自由。实证主义法学派把权利置于现实的利益关系中来理解,侧重于从实在法的角度来解释权利。如德国法学家耶林认为,权利就是受到法律保护的利益。

夏勇教授根据构成要素,把权利界定为道德、法律或习俗所认定为正当的利益、主张、资格、力量或自由[①]。本书采用此定义。权利按照其存在形态,可划分为道德权利(天赋的权利)、法律权利(法律规定的权利)、实有权利(实际享有的权利);按照不同年龄的权利主体,可分为未成年人权利和成年人权利等。未成年人权利又可细分为学龄前儿童权利和学龄儿童权利。学龄前儿童权利包括3岁以下婴幼儿权利和3岁至入小学前儿童的权利。

(二)婴幼儿权利

本书所说的婴幼儿,是指3岁以下的儿童。已有关于儿童权利的文献大多聚焦于学龄儿童权利研究,专门研究学前儿童这一群体的文献相对较少,而专门研究婴幼儿权利的文献更是少之又少。婴幼儿虽然弱小,几乎没有行为能力,但是这不意味着他们不需要权利,也不意味着他们成为权利对象的“缺场”。婴幼儿是特殊的儿童,儿童权利研究中应该有婴幼儿的位置。定义婴幼儿权利首先需要关注几个问题:第一,婴幼儿拥有独立人权,成人必须将婴幼儿当“人”看,而不是成人的附庸或父母的私有财产;第二,婴幼儿拥有被尊重的权利,成人必须将婴幼儿当“儿童”看,承认并尊重生命早期的独立价值;第三,婴幼儿拥有被提供与之相适应的生活环境的权利,应当为婴幼儿创设与之身心发展相匹配的生活环境,体现其应有的尊严和道德地位。

本书认为,婴幼儿权利是指为保障3岁以下儿童的身心健康成长,维护其作为人之为人的尊严和道德基础,被习俗或法律所认定的利益或主张。受保护权与自主权共同构筑完整的儿童权利,两者缺一不可。[②]婴幼儿权利需要成人

---

① 夏勇.权利哲学的基本问题[J].法学研究,2004(3):5.

② 吴鹏飞.嗷嗷待哺:儿童权利的一般理论与中国实践[D].苏州大学,2013:16.

的保护，但随着儿童的成长，这种"襁褓"会逐渐褪去，儿童的自主权逐渐变强。因此，婴幼儿的受保护权和自主权就是矛盾的统一体，前者为矛盾的主要方面，后者为矛盾的次要方面。婴幼儿受保护权的正当性毋庸置疑，同时不能因此忽视其自主性。

二、婴幼儿权利的性质

（一）独立性

婴幼儿权利的独立性表现在两个方面：一是婴幼儿个人权利的独立性，主要是指婴幼儿作为个人拥有的权利，是针对社会而言，社会要承担一定的责任来保护婴幼儿的权利；二是婴幼儿集体权利的独立性，包含两层含义：(1)婴幼儿集体权利与婴幼儿个人权利、成年人权利不同，有其特殊性，是独立存在的；(2)在婴幼儿集体权利范畴内部，各个特别的群体享有的权利不尽相同，具有独立性。比如，残疾婴幼儿群体和正常婴幼儿群体之间有相同点也有区别，是相对独立的。婴幼儿权利的独立性是相对的，其内容、范围和实现程度均受到成年人的限制。

（二）受保护性

婴幼儿的权利有受保护性，这是由婴幼儿特殊的生理因素决定的。婴幼儿在出生时没有任何的生存能力，其自我意识没有觉醒，吃喝拉撒睡都需要成年人照护。婴幼儿没有权利意识，其权利由父母或其他监护人代为决定，这会存在"粘连性"，即其父母或其他监护人若缺乏权利意识，儿童的权利往往会被忽略甚至被侵犯，所以对婴幼儿权利提供法律保护是十分必要的。

（三）整体性

婴幼儿权利的整体性是指婴幼儿权利的相互依赖和不可分割。婴幼儿的各项权利之间相互联系，例如生命权与健康权，首先有生命的存在才能谈健康，而也只有健康才能使生命得以持续；又如健康权与发展权，婴幼儿的发展包括身体、智力、精神、个性和社会性等各方面的充分发展，而健康的身体是充分发展的前提，发展权使婴幼儿获得全面的发展，包括身体健康、智力发展等方面。总之，婴幼儿各项权利之间不是截然分开的，各项权利的落实与否会对其他权利的享有产生影响。

第二节 婴幼儿权利的内容构成

一、生命权

生命权是人享有的最基本的权利，是人享有其他一切权利的前提和基础。生命权的定义有广义和狭义之分，广义的生命权是指人生活中的各种权利，包括人的政治、经济、文化、教育等权利的各个方面；狭义的生命权则指法律保障下任何人的生命不被非法剥夺的权利。《公民权利和政治权利国际公约》第六条规定："人人有固有的生命权。这个权利应受法律保护。不得任意剥夺任何人的生命。"《中华人民共和国民法典》第一千零二条规定："自然人享有生命权。自然人的生命安全和生命尊严受法律保护。任何组织或者个人不得侵害他人的生命权。"《儿童权利公约》第六条规定："缔约国确认每个儿童均有固有的生命权。缔约国应最大限度地确保儿童的存活与发展。"

婴幼儿生命权主要包括生命健康、人身安全、人身自由等方面的内容。婴幼儿的生命健康权是指婴幼儿享有维持生命和生理机能正常的权利；人身安全权是指婴幼儿享有抚养人保障其处于一种安全的环境下，以免受到危险的权利；人身自由权是指婴幼儿享有身体和心理上的自由，可以随自己意识行动不受他人控制的权利。婴幼儿时期的身心正处于发展阶段，自我意识渐渐觉醒，身体各个器官正在发展成熟，肌肉力量薄弱，语言能力渐渐增强。这个时期的婴幼儿容易遭受未知的伤害，成年人要给予足够的保护，让其健康成长。个体生命权的保障关乎家族繁衍生息，甚至关乎整个人类社会的永续发展。

二、健康权

健康权是指政府必须创造条件使人人能够尽可能健康，这些条件包括确保获得卫生服务，健康和安全的工作条件，适足的住房和有营养的食物等。[①]我国民法典第一千零四条规定："自然人享有健康权。自然人的身心健康受法律保护。任何组织或者个人不得侵害他人的健康权。"

《儿童权利公约》第二十四条第一款规定："缔约国确认儿童有权享有可达到的最高标准的健康，并享有医疗和康复设施。缔约国应努力确保没有任何儿童被剥夺获得这种保健服务的权利。"为了确保充分实现上述权利，各国应采取如下措施：第一，降低婴幼儿死亡率；第二，确保向所有儿童提供必要的医疗援

---

① 吴鹏飞．儿童权利一般理论研究[M]北京：中国政法大学出版社，2013:53-54.

助和保健，侧重发展初级保健；第三，消除疾病和营养不良现象，包括在初级保健范围内利用现有可得的技术和提供充足的营养食品和清洁饮水，要考虑到环境污染的危险和风险；第四，确保母亲得到适当的产前和产后保健；第五，确保向社会各阶层特别是向父母和儿童介绍有关儿童保健和营养、母乳育婴优点、个人卫生和环境卫生及防止意外事故的基本知识，使他们得到这方面的教育并帮助他们应用这种基本知识；第六，开展预防保健、对父母的指导以及计划生育教育和服务。

这些措施中，最容易做到但又最易出问题的领域就是食品安全，其中奶粉安全尤甚，典型事例为三鹿集团三聚氰胺奶粉事件。

案例

2008年3月，南京儿童医院把10例婴幼儿泌尿结石样本送至该市鼓楼医院进行检验，三鹿问题奶粉事件浮出水面。7月16日，甘肃省卫生厅接到兰州大学第二附属医院的电话报告，称该院收治的婴儿患肾结石病例明显增多，经了解均曾食用三鹿牌配方奶粉。7月24日，河北省出入境检验检疫局检验检疫技术中心对三鹿集团所产的16批次婴幼儿系列奶粉进行检测，结果有15个批次检出三聚氰胺。9月9日，媒体首次报道“甘肃14名婴儿因食用三鹿奶粉同患肾结石”。当天下午，国家质检总局派出调查组赶赴三鹿集团。9月11日，除甘肃省外，陕西、宁夏、湖南、湖北、山东、安徽、江西、江苏等地也有类似案例发生。9月12日，联合调查组确认“受三聚氰胺污染的婴幼儿配方奶粉能够导致婴幼儿泌尿系统结石”。9月13日，党中央、国务院启动国家重大食品安全事故Ⅰ级响应，并成立应急处置领导小组。此次事件导致婴儿死亡4人，给近30万婴幼儿的生命带来了无情的摧残。①

三聚氰胺奶粉事件的危害与后续影响，促使国家相继出台了《乳品质量安全监督管理条例》和食品安全法。然而由于违法成本低、惩戒力度不到位，婴幼儿食品安全问题始终难以根治。

三、姓名权、国籍权

姓名具有符号特征，自然人本名以及本名之外与自身存在稳定对应关系的称呼都属姓名权这一基本人格权的保护范畴。②自然人名字的初始选择由其父母或其他监护人完成，自然人刚出生不可能具备自主选择名字的能力。但新生儿作为姓名权之主体，其名字选取完全取决于监护人，法律对于权利主体的合法权益应予以充分保障。新生儿名字选取不得有害于新生儿的人格利益以及

① 本书关于三鹿事件的描述参见《中国青年报》2009年1月1日的“特别报道”栏目，有删节。

② 石冠彬. 民法典姓名权制度的解释论[J]. 东方法学，2020(06):113-124.

有悖公序良俗。[①]

婴幼儿有权取得至少一国国籍，不因非婚生、父母国籍受歧视。国家之间应相互合作，采取一切适当措施，确保每名婴幼儿在出生时都有一国国籍。姓名权和国籍权都是婴幼儿的基本权利。《儿童权利公约》第七条规定："儿童出生后应立即登记，并有自出生起获得姓名的权利，有获得国籍的权利，以及尽可能知道谁是其父母并受其父母照料的权利。缔约国应确保这些权利按照本国法律及其根据有关国际文书在这一领域承担的义务予以实施，尤应注意不如此儿童即无国籍之情形。"第八条规定："缔约国承担尊重儿童维护其身份包括法律所承认的国籍、姓名及家庭关系而不受非法干扰的权利。如有儿童被非法剥夺其身份方面的部分或全部要素，缔约国应提供适当协助和保护，以便迅速重新确立其身份。"我国的《中华人民共和国民法典》第一千零一十二条规定："自然人享有姓名权，有权依法决定、使用、变更或者许可他人使用自己的姓名，但是不得违背公序良俗。"婴幼儿还不具备决定自己姓名的能力，但他们拥有获得姓名和国籍的权利。因此婴幼儿的父母或法定抚养人应在婴幼儿出生后按照规定及时登记，让其获得姓名与国籍。

案例

吕先生的妻子姓张，他们的女儿于2009年1月25日出生，爱好传统文化的吕先生为孩子起了一个很独特的名字"北雁云依"。"这个名字既没有随我姓，也没有随她妈妈的姓，这四个字富含很多寓意。我认为是应该允许叫的，但没有想到，在申报户口时引来了麻烦。"

吕先生说，2009年3月，他去济南市燕山派出所报户口，不料户籍工作人员认为这个名字怪异，不符合现有法律规定，不能以此给孩子上户口。吕先生随后去了济南市公安局，"那里也说不行。说根据婚姻法，子女要么随父姓，要么随母姓，不带姓不能落户。还说这是省公安厅一个规定里面的，非要我给孩子改名字。"

吕氏夫妻一纸诉状将山东省济南市公安局历下区分局燕山派出所告上法庭。审理此案的济南市历下区人民法院保持对法律高度负责的态度，没有简单地以公安机关的"惯例"确定公民姓名权的外延。相反，法院认为"因案件涉及法律适用问题，需送请有权机关作出解释或者确认，该案于2010年3月11日裁定中止审理"。之后，此案被层层上报，从济南中院到山东高法，再到最高法。最高法院审判委员会认为，姓名权涉及公民的基本权利，当前在司法部门、行政

① 张红．民法典之姓名权立法论[J]．河北法学，2019，37(10)：2-21.

职能部门以及学术界有两种不同观点，只有上升到法律解释的高度才能获致根本解决，所以，最高法向全国人大常委会提出释法议案。①

2014年11月，全国人大常委会通过了《关于〈民法通则〉第九十九条第一款、第二十二条的解释》，其中明确指出：公民行使姓名权，还应当尊重社会公德，原则上应当随父姓或者母姓，但可以有一些例外情形，包括：选取其他直系长辈血亲的姓氏；因由法定扶养人以外的人抚养而选取抚养人姓氏；有不违反公序良俗的其他正当理由，可以取父母之外的姓氏。这些规定后来成为民法典第一千零一十五条规定的底本。

四、受父母照护权

受父母照护权对于婴幼儿来说是一项极为重要的权利。婴幼儿无论从生理上还是精神上都需要父母的悉心照料才能健康成长。婴幼儿受父母照护权有两层意思：第一，婴幼儿的照护主体首先须是父母或者其他法定监护人。《儿童权利公约》第十八条规定："缔约国应尽其最大努力，确保父母双方对儿童的养育和发展负有共同责任的原则得到确认。父母或视具体情况而定的法定监护人对儿童的养育和发展负有首要责任。儿童的最大利益将是他们主要关心的事。"父母是婴幼儿照护的第一主体，是由其血亲关系和儿童最佳利益原则决定的。第二，基于第一层的逻辑，父母在其能力和经济条件许可范围内确保儿童发展所需生活条件，在婴幼儿不能获得最低限度的生活水准情况下国家应提供必要的资助。《儿童权利公约》第二十七条规定："缔约国确认每个儿童均有权享有足以促进其生理、心理、精神、道德和社会发展的生活水平。父母或其他负责照顾儿童的人负有在其能力和经济条件许可范围内确保儿童发展所需生活条件的首要责任。缔约国按照本国条件并其能力范围内，应采取适当措施帮助父母或其他负责照顾儿童的人实现此项权利，并在需要时提供物质援助和支助方案，特别是在营养、衣着和住房方面。"《中华人民共和国民法典》第一千零六十七条规定："父母不履行抚养义务的，未成年子女或者不能独立生活的成年子女，有要求父母给付抚养费的权利。"从精神上来看，婴幼儿时期是儿童各种知觉发展的关键期，也是以后性格形成的奠定期。父母有义务为其提供温馨友爱的家庭环境，及时照顾婴幼儿的不良情绪可以促使其形成安全的依恋关系。依恋关系会直接对婴幼儿以后的个人情绪情感、社会性行为等形成良好的影响，因此父母对婴幼儿的照护不仅是身体上的，还有精神上的。

① 详见凤凰网《父亲给女儿取名"北雁云依"，称爱好传统文化》一文，有删节。2022年5月8日访问。"指导案例89号：'北雁云依'诉济南市公安局历下区分局燕山派出所公安行政登记案"为最高人民法院第17批指导性案例，全国首例姓名权行政诉讼。

案例

根据媒体报道，2020年6月1日，辽宁省辽阳市白塔区东六道街，一个新生婴儿被遗弃在住宅楼的垃圾道内。辽阳市铁西路消防救援站的消防员赶到现场，勘查发现婴儿被装在一个塑料袋内，卡在五楼六楼之间。一名身材瘦高的消防员通过垃圾道口探进身子实施救援工作。20多分钟后婴儿被成功救出，暂无生命危险。6月2日，新京报记者从辖区派出所了解到，已经找到婴儿的家人，案件已经上升为刑事案件，正在进一步调查中。对于遗弃婴儿的行为，不仅要在道德层面加以深刻谴责，还要依法追究其当事人的法律责任。当事人可能涉嫌遗弃罪。

五、自由表达权

自由表达权是所有个体所拥有的权利，不以年龄为界限。表达自由指公民享有的受法律规定、认可和保障的，使用各种媒介手段或方式公开发表、传递自己的意见、主张、观点、情感等内容而不受任何他人或组织干涉、限制或侵犯的权利。①婴幼儿自出生起就会表达自己的想法与需求，比如饿了、想排泄了等等，往往会通过哭闹等方式向成人表达，这时候父母通常会去寻找婴儿哭闹的原因。婴幼儿有自由表达权，因此成人不能因为婴儿哭闹而用一些不正当的手段阻止其哭闹，应该满足婴幼儿的正常需求。当幼儿2岁左右，他们学会用说话来表达自己的想法和疑问，但通常是由简单的词构成如“妈妈，糖”等。这时候的幼儿说话往往缓慢而咬字不清，成年人不要打断孩子说话或代替他说话，要有耐心地等其说完，鼓励其表达。通过这样的方式让婴幼儿自由表达，能促进其语言能力的发展。

案例

莹莹平常都是由爸爸妈妈带的，每次奶奶过来都会问她：“莹莹最喜爱的人是谁呀？”她总是很直接地说：“妈妈。”这时奶奶笑着说：“莹莹最喜爱的是妈妈，奶奶最喜爱的人是莹莹哦。”

莹莹在奶奶面前说出自己最喜爱的人是妈妈，表达了自己内心的真实想法。在这个事例中，奶奶的做法值得赞赏。她对孙女的说法也许内心有所不悦，但是未表露出来。她不像有些大人总喜欢开玩笑地胁迫儿童说：“你不喜欢我，那我以后不给你买玩具了。”奶奶的做法让孩子在表达内心想法的时候更加勇敢和自由。

---

① 杜承铭.论表达自由[J].中国法学，2001(03):54-61.

六、隐私权

隐私权是指公民享有的私人生活与私人信息依法受到保护，不被他人非法侵扰、知悉、搜集、利用和公开等的一种人格权①，主要包括隐私隐瞒权、隐私利用权、隐私支配权和隐私维护权。隐私权常见的类型有个人生活自由权、情报秘密权、个人通讯秘密权和个人隐私利用权。隐私权作为人的基本权利，也是婴幼儿权利的重要组成部分。《儿童权利公约》第十六条规定："儿童的隐私、家庭、住宅或通信不受任意或非法干涉，其荣誉和名誉不受非法攻击。"我国未成年人保护法对隐私权的规定有一个递进的过程。1991年以后，隐私权问题是作为"社会保护"条例中的一项，任何组织或者个人不得披露未成年人的个人隐私。2020年，未成年人保护法第二次修订后，隐私权问题放在"总则"出现，"处理涉及未成年人事项，应当符合下列要求……（三）保护未成年人隐私权和个人信息"。隐私权条款从分则走向总则，不仅是位置的变化，而且标志着立法精神的归位，总则条款对所有的分则内容都具有拘束意义和指导作用。即是说，如果分则的条款在应用时遇到不同的理解，可经由总则内容加以解释，且不能与之冲突。

案例

2019年3月27日晚，深圳市公安局福田分局通报称，园方6人在未告知且未征得幼儿家长同意的情况下拍摄男性幼儿生殖器照片，构成使用偷拍的方式侵犯他人隐私的违法行为，6人均被警方处罚。此外，警方调查未发现园方将涉案照片用于其他用途、将照片外泄上传网络、在幼儿食物中添加药物或向幼儿喂药等情况，网络传播的"幼儿园拍摄男性幼儿生殖器用于医疗研究"的言论属不实信息。之后，深圳福田区教育局也发布通报称，责令园方向家长和社会致歉，并对园长、园医给予解聘处理。

当时，梅林幼儿园这样回复媒体：涉事教师发现幼儿玩下体，出于安全考虑拍下照片，传给医生检查使用；教师的出发点是好的，但沟通工作没有做到位。从警方的调查结果看，"出发点是好的"未必是假话；但也正是这句轻描淡写的"出发点是好的"，暴露了涉事幼儿园对幼儿隐私的漠视。

从人类抓起树叶遮羞之时起，隐私就产生了。随着社会文明的进步和公众法律意识的提升，人们对自身隐私的重视程度也在不断提高。但对婴幼儿隐私的尊重和保护，时至今日情况仍不容乐观。"小孩子没有羞耻感，何谈隐私""小孩子对父母、师长不应该有秘密"……不少家长、老师都存在这样的认识。于

① 王利明．隐私权内容探讨[J]．浙江社会科学，2007(03)：57-63+79.

是，偷看孩子日记、信件、聊天记录的，也就不一而足、见怪不怪了。这种认识当然是错误的。隐私权作为一种基本人格权利，是与生俱来的，并不因为年龄小就受到限制、剥夺甚至侵害。相反，正因为婴幼儿年龄小，维护自身权利的意识和能力严重不足，作为对其负有监护职责的父母、老师，才更应该加倍尊重和呵护他们的这一权利。[①]

七、防虐待权

国内对防虐待权比较陌生。《儿童权利公约》关于预防虐待的规定也不是非常清晰，其涉及的主要条款是第十九条："缔约国应采取一切适当的立法、行政、社会和教育措施，保护儿童在受父母、法定监护人或其他任何负责照管儿童的人的照料时，不致受到任何形式的身心摧残、伤害或凌辱，忽视或照料不周，虐待或剥削，包括性侵犯。这类保护性措施应酌情包括采取有效程序以建立社会方案，向儿童和负责照管儿童的人提供必要的支助，采取其他预防形式，查明、报告、查询、调查、处理和追究前述的虐待儿童事件，以及在适当时进行司法干预。"要界定防虐待权，可从"虐待儿童"定义反向出发。日本在2000年时制定了《虐待儿童防止法》。该法规定虐待行为包括"儿童受到身体外伤伤害或者遭受可能受到伤害的暴行的，猥亵儿童或者唆使儿童进行猥亵行为的，明显减少儿童食量从而影响儿童正常身心健康成长或者长时间置之不理，对儿童恶言相向或者对其请求粗暴拒绝的"[②]，即身体虐待、性虐待、疏忽照顾、精神虐待四类行为。婴幼儿防止虐待权可指针对预防婴幼儿的身体虐待、性虐待、疏忽照顾、精神虐待四类行为的权利。未成年人保护法第五十四条规定："禁止拐卖、绑架、虐待、非法收养未成年人，禁止对未成年人实施性侵害、性骚扰。"这是对预防虐待的最集中规定。

基于上述定义，防虐待权可能是婴幼儿最容易受侵犯的一种权利形态。最为亲近的人，可能也是伤害最深的人。有研究者以中国裁判文书网为数据来源，通过关键词检索和筛选，得到近二十年来涉及虐童内容的判决书共计2974份。数据分析发现，虐童事件绝大多数被认定为民事纠纷，施暴者以亲生父母和教师为主。

虐童事件进入司法程序的案例只是实际发生事件的冰山一角。另有研究者在2000年1月至2019年2月期间，对无锡市婴幼儿医院收治的38例躯体虐待伤婴幼儿的临床资料进行研究，结果显示：在这些婴幼儿中，施虐人为生父的

① 内容详见《无视婴幼儿隐私，法律不答应》，《检察日报》，2019年03月29日第4版。

② 姜波，焦富勇.《虐待儿童防止法》及统计儿童虐待事件的意义[J].中国妇幼健康研究，2007(02)：146-148.

婴幼儿所占的比例高于施虐人为生母、养父、养母、其他家庭成员、非家庭成员的婴幼儿。父母离异、父母感情差的婴幼儿所占的比例高于父母再婚、父母感情良好的婴幼儿。在受虐婴幼儿中，月龄为12—36个月的婴幼儿所占的比例均高于其他月龄段的婴幼儿。[①]由此可知，0—3岁婴幼儿是虐童的重要对象。因此，落实好强制报告制度、加大对虐童行为的惩戒，是预防婴幼儿虐待的主要措施。

八、早期学习权

学习权是受教育权的价值来源和逻辑起点，[②]是受教育权的核心和本质。可见，学习权往往与受教育权一起相伴研究。婴幼儿的早期学习权与中小学生的学习权相差甚大。前者以获得直接经验为主，后者以获得间接经验为主。《养育照护框架》指出，学习是人类的内在机制，确保我们能够成功适应不断变化的环境。早期学习始于受孕阶段，即被人们称为后成论的生物机制。婴幼儿学习权不囿于显性知识学习，也包括以生存技能和社会性发展为核心的隐性知识学习。学习权强调婴幼儿作为学习者的主体地位，超越了"接受教育"理念[③]，突出尊重和保护婴幼儿先天的学习能力。

九、游戏权

游戏是适应于儿童身心特点及发展规律，并在儿童成长中至关重要的一项基本活动，儿童的游戏权是最能反映儿童不同于成人特点的一项基本权利。[④]《儿童权利宣言》第三十一条第一款规定："缔约国确认儿童有权享有休息和闲暇，从事与儿童年龄相宜的游戏和娱乐活动，以及自由参加文化生活和艺术活动。"游戏对于婴幼儿来说具有不可替代性，游戏权具有重要价值，但我国的法律鲜有正式提及。《学前教育法草案(征求意见稿)》第十三条提出："国家保障学前儿童的受教育权。对学前儿童的教育应当坚持儿童优先和儿童利益最大化原则，尊重儿童人格，保障学前儿童享有游戏、受到平等对待的权利。"该草案虽然确认了游戏权，但是尚未体现游戏权的应有价值，应以独立条款展现。游戏权对于婴幼儿的自我意识的建立、自我认知的发展和个体身心健康成长，具有保护和促进的重要作用。保护婴幼儿的游戏权，就是保护他们的未来。

---

① 秦蓉，等. 对38例躯体虐待伤婴幼儿相关情况的调查分析[J]. 当代医药论丛，2020，18(08)：12-14.

② 陈恩伦. 论学习权[D]. 重庆：西南师范大学，2003：3.

③ 陈恩伦. 从受教育权到学习权：终身学习社会的权利转型[J]. 国家教育行政学院学报，2022(01)：13-19+42.

④ 丁海东. 儿童游戏权的价值及其在我国的现实困境[J]. 东北师大学报(哲学社会科学版)，2010(05)：178-182.

十、残疾儿童受特别照顾权

国外一项关于残疾儿童的研究结果表明，残疾儿童比正常健康儿童更容易遭受暴力和虐待，是非残疾儿童的三到四倍。《儿童权利公约》第二十三条规定："缔约国确认身心有残疾的儿童应能在确保其尊严、促进其自立，有利于其积极参与社会生活的条件下享有充实而适当的生活。缔约国确认残疾儿童有接受特别照顾的权利，应鼓励并确保在现有资源范围内，依据申请斟酌儿童的情况和儿童的父母或其他照料人的情况，对合格儿童及负责照料该儿童的人提供援助。"新修订的未成年人保护法未对残疾儿童的特别照顾作出了规定。残疾婴幼儿在成长过程中因身体缺陷，外界经常用异样的眼光来看待他们，使他们逐渐产生自卑等负面情绪。基于此，照料者对待残疾婴幼儿时要特别照顾，注意他们的心理变化，对消极情绪及时进行疏通。在生活中给予残疾婴幼儿更多的关爱，让残疾婴幼儿在充满温馨的环境中长大，这对他们心灵健康成长有极大的促进作用。

资料链接

《"十四五"残疾人保障和发展规划》节选（2021年7月8日）

我国有8500多万残疾人。"十四五"时期，由于人口老龄化加快等因素，残疾仍会多发高发。残疾人人数众多、特性突出，特别需要关心帮助。当前面临的突出问题：一是残疾人返贫致贫风险高，相当数量的低收入残疾人家庭生活还比较困难；二是残疾人社会保障水平和就业质量还不高，残疾人家庭人均收入与社会平均水平相比还存在不小差距；三是残疾人公共服务总量不足、分布不均衡、质量效益还不高，残疾人就学就医、康复照护、无障碍等多样化需求还没有得到满足；四是残疾人平等权利还没有得到充分实现，歧视残疾人、侵害残疾人权益的现象还时有发生；五是残疾人事业仍然是经济社会发展的短板，欠发达地区、农村和基层为残疾人服务的能力尤其薄弱。

第三节 婴幼儿权利的保护

一、婴幼儿权利保护原则

(一)最有利于婴幼儿原则

《儿童权利公约》第三条第一款规定:“关于儿童的一切行为,无论是由公私社会福利机构、法院、行政当局还是立法机构执行,均应以儿童的最大利益为一种首要考虑。”民法典和修订后的未成年人保护法与《儿童权利公约》的宗旨相近,其相关表述为“最有利于未成年人”。为保持与法律文本的一致性,本书采用此种说法。确立最有利于婴幼儿原则还有一个依据,即生命早期1000天理论,具体见第一章。

根据最有利于婴幼儿原则,在解决婴幼儿保护问题时,当遇到国家或成人利益与婴幼儿利益相冲突的情况,要将婴幼儿的利益放在优先地位考虑。这个原则适合一切关涉婴幼儿的事宜,贯穿于家庭事务、社会管理和国家制定婴幼儿相关政策中。从制度实施层面讲,婴幼儿照护服务的一切政策都须以民法典和未成年人保护法的立法精神(最有利于未成年人原则)为根本遵循。

(二)无歧视原则

无歧视原则,也称平等原则。平等是人类跨入现代文明的三大旗帜性口号(自由、平等、博爱)之一。《世界人权宣言》第一条规定:“人人生而自由,在尊严和权利上一律平等。”《儿童权利公约》第二条规定:“缔约国应尊重本《公约》所载列的权利,并确保其管辖范围内每一儿童均享受此种权利,不因儿童或其父母或法定监护人的种族、肤色、性别、语言、宗教、政治或其他见解、民族、族裔或社会出身、财产、伤残、出生或其他身份而有任何差别。”未成年人保护法第三条规定:“未成年人依法平等地享有各项权利,不因本人及其父母或者其他监护人的民族、种族、性别、户籍、职业、宗教信仰、教育程度、家庭状况、身心健康状况等受到歧视。”婴幼儿常因性别、残疾、家庭经济状况、父母非婚生等遭受歧视,因此,婴幼儿保护的无歧视原则非常必要。

(三)多重责任原则

多重责任原则指的是在婴幼儿权利保护过程中,父母负首要与主要责任,社会服务机构协助和政府最后承担兜底责任等多方主体责任原则。未成年人保护法第六条规定:“保护未成年人,是国家机关、武装力量、政党、人民团体、企业事业单位、社会组织、城乡基层群众性自治组织、未成年人的监护人以及其他成年人的共同责任。”多重责任原则实施包括:第一,国家对家庭和儿童的援助。

父母双方对婴幼儿的养育和发展负有首要责任。婴幼儿的发展是他们最关心的事情,但是由于他们可能存在养育能力不足的问题,国家和社会通过营养、卫生保健、托育服务、教育等方面对家庭和儿童予以直接援助。第二,尊重父母的权利和家庭隐私。国家或社会对家庭的干预和援助当以尊重父母的权利和能力为前提,过度干预既损害了父母与孩子的亲密关系,又减损了父母的责任感。第三,当父母出现虐待或忽视的问题,可对父母权利加以限制。

本章小结

婴幼儿权利具有独立性、受保护性、整体性和发展性。婴幼儿生命权是其享有的最基本的权利,也是享有其他一切权利的前提和基础,主要包括生命健康、人身安全、人身自由等方面的内容。狭义的健康权主要指获得卫生服务,健康和安全的工作条件,适足的住房和有营养的食物等。姓名权、国籍权是婴幼儿长大后形成自己的身份认同的基本权利。受父母照护权既是婴幼儿成长不可缺少的保障,也是父母的法定义务。自由表达权之于婴幼儿,是促进幼儿语言良好发展的重要保障。

婴幼儿防止虐待权指预防针对婴幼儿的身体虐待、性虐待、疏忽照顾、精神虐待四类权利。早期学习权不同于受教育权,但超越受教育权。游戏权对于婴幼儿自我意识的建立、自我认知的发展和个体身心的健康成长具有重要意义。残疾儿童受特别照顾权具有优先性和特别保护性。婴幼儿权利保护原则有最有利于婴幼儿原则、平等原则和多重责任原则。

推荐阅读

1.《儿童权利公约》

推荐理由:适用于全世界的儿童,即18岁以下的任何人。1989年11月20日第44届联合国大会第25号决议通过,是第一部有关保障儿童权利且具有法律约束力的国际性约定,于1990年9月2日在世界生效。1991年12月29日,第七届全国人民代表大会常务委员会第23次会议批准了《儿童权利公约》,从此《儿童权利公约》成为我国广泛认可的国际公约。

儿童权利公约

2. 张雪梅.实践中的儿童权利:未成年人权利保护的42个典型实例[M].北京:法律出版社,2013.

3. 刘智成.儿童游戏权的理论与实践研究[M].北京:中国社会科学出版社,2018.

第三章 托育机构工作人员

学习目标

1. 了解托育机构工作人员的内涵及任职条件。
2. 明确保育师、托育机构负责人、婴幼儿发展引导员的地位。
3. 掌握保育师、托育机构负责人、婴幼儿发展引导员的权利与义务。

学习重点

1. 明确保育师的法律地位。
2. 掌握保育师的权利与义务。

学习难点

明确保育师与婴幼儿发展引导员的职业内涵。

第一节

保育师

党的十九大报告中提出要在“幼有所育”上不断取得新进展，由此，托育机构从业人员准入标准亟待明确，何种人员可担任托育机构婴幼儿照护服务专业人员？有何职业标准要求？其权利与义务如何保障？本节将论述托育机构保育师的职业内涵、权利与义务，以期推动从业人员的标准与规范化。

一、保育师概说

0—3岁婴幼儿托育服务发展关系着婴幼儿的身心健康，提升婴幼儿照护服务从业人员的职业化水平，促进托育机构服务不断向标准化发展势在必行。《托育机构设置标准（试行）》《托育机构管理规范（试行）》《托育机构保育指导大纲（试行）》等政策法规逐步明确，保育师是托育机构主要从事婴幼儿照护服务的人员。

《保育员国家职业技能标准（2019年版）》中，尚未提及保育师这一称呼。2021年以前，仅有保育员一说。保育员的职业定义为：在托幼园所、社会福利及其他保育机构中，从事儿童基本生活照料、保健、自立能力培养和辅助教育工作的人员。《保育师国家职业技能标准（2021年版）》中将这一职业变更为保育师，强调保育师是在托育机构及其他保育场所中，从事婴幼儿生活照料、安全看护、营养喂养和早期发展工作的人员。

保育员和保育师的定位变化主要有三个方面。一是工作场所重心不同，保育师的第一工作场所是托育机构，保育员的第一工作场所是幼儿园。二是主要工作内容的变化，保育员定位是辅助教育的工作人员，保育师定位是早期发展的工作人员，身份定位的改变将保育师由原来的辅助教育的配角转变为开展儿童早期发展的主角。儿童早期发展是指儿童体格、认知、情感、语言及社会适应等各方面的综合发展。保育师的安全看护对应《托育机构婴幼儿伤害预防指南（试行）》，营养喂养对应《托育机构婴幼儿喂养与营养指南》，早期发展对应《托育机构保育指导大纲（试行）》和2018年世界卫生组织等联合发布的儿童早期发展养育照护框架。三是职业等级的变化，保育员的职业级别为三个，而保育师为五个，给了保育人员更高的职业上升空间。

二、保育师的法律地位

法律地位是指法律主体在各种法律关系中所处的位置，它是法律主体在不同法律关系中享有权利与承担义务的综合体现。①保育师是托育机构婴幼儿照护工作的主要实施者,在托育机构及其他保育场所中,从事婴幼儿生活照料、安全看护、营养喂养和早期发展工作,负责婴幼儿日常生活照料和活动组织,呵护婴幼儿健康成长,遵循婴幼儿发展的年龄特点与个体差异,通过多种途径促进婴幼儿身体发育和心理发展。在法律上,保育师有两种身份:一方面,他们是普通公民,拥有宪法赋予每个公民的基本权利与义务;另一方面,他们是从事婴幼儿照护服务的人员,其权利与义务基于特定的职业性质而产生和存在。②

保育师是进行保育教育、从事婴幼儿生活照料的专业人员,这是保育师地位的本质特征。保育师的基本权利和义务不同于宪法所赋予每个公民的政治权利和义务,也不同于保育师作为普通公民具有的民事权利和义务。它基于保育教育活动而产生,并由相关法律规范设定其权利和义务。

保育师的权利和义务与其职务和职责紧密相连。保育师的权利和义务,自其取得保育师资格证并任职于托育机构及其他保育场所时产生,终于解聘之时。未取得保育师资格证而任职的,不具有保育师的权利和义务。如果保育师未对婴幼儿发展进行指导,实际上就是没有履行保育师的职责。

保育师的法律地位,通过其权利与义务体现出来。保育师的权利和义务从本质上确认了保育师作为履行保育教育职责的人员所特有的政治、经济和职业特性。保育师的政治地位通过其享有的政治权利体现,保育师的经济地位通过法律所规定的收入和其他物质待遇来体现。

三、保育师的权利与义务

(一)保育师的权利

目前尚未出台相关政策文件对保育师的权利与义务进行明确规定。保育师既是履行保育教育职责的专业人员,也是中华人民共和国的公民。因此,保育师既具有宪法和法律所赋予公民的一般权利,又具有保育师所拥有的特定权利,同时履行一定的义务。

1.宪法视野中保育师的权利

根据我国宪法的规定,保育师作为我国公民享有的基本权利包括:①法律面前人人平等及禁止差别对待的平等权;②选举与被选举权,言论、出版、集会、结社、游行、示威自由等政治权利;③宗教信仰自由权;④人身自由权,包括人身自由,人格、住宅不受侵犯,通信自由和通信秘密受法律保护;⑤财产、劳动、休

① 张丽.学前教育政策与法规[M].天津:南开大学出版社:2019:131-133

② 朱琳,秦旭芳.托育师资职业身份的边界划定与角色丛构建——基于组织边界理论[J].陕西学前师范学院学报,2021,37(09):13-19.

息、物质帮助、退休人员生活保障、社会保障等社会经济权利；⑥教育和文化活动方面的文化教育权；⑦批评与建议及检举和申诉等监督权。

2. 劳动法视野中保育师的权利

根据《中华人民共和国劳动法》的规定，保育师作为劳动者，与用人单位确立关系时应明确双方权利和义务，建立劳动关系，应当订立劳动合同。享有平等就业和职业选择的权利，获取劳动报酬的权利，休息休假的权利，获得劳动安全卫生保护的权利，职业技能培训的权利，享受社会保险和福利的权利，劳动争议处理的权利以及法律规定的其他劳动权利。

3. 专业视野中保育师的权利

(1)照护指导的权利

保育师有进行婴幼儿照护与指导的基本权利。保育师可以依据婴幼儿发展状况与发展目标组织游戏及活动，按照活动计划与标准确定活动内容与进度，掌握婴幼儿生理、心理发展知识，了解婴幼儿个体差异，进行特殊需要婴幼儿识别与指导，通过活动设计与组织等对儿童早期发展提供支持。保育师有权根据其所在园所或机构的保教计划，针对不同情况的教育对象，进行照护与指导。

(2)评估指导的权利

保育师要对婴幼儿进行生活照料与发展引导，了解各月龄营养与喂养要点，并对婴幼儿发展现状进行评估与养育指导、进餐照护指导、饮水照护指导、睡眠照护指导、生活卫生习惯培养指导、出行照护指导等，使婴幼儿的个性和能力得到充分的发展。保育师应在与婴幼儿互动中，关注婴幼儿发展的特点与需求，根据婴幼儿发展的年龄阶段与发展趋势，对婴幼儿的发展进行评估，并根据评估确定与婴幼儿互动交流中如何进一步促进其发展，制订下一步活动计划，进行环境创设、协调家园合作等。

(3)获取报酬的权利

保育师有权按时获取工资报酬，享受国家规定的福利待遇，这是保育师的基本物质保障，是宪法赋予公民的劳动权和劳动者休息权的具体化。保育师有权要求其所在的托育机构及其主管部门，按照国家的相关规定及聘用合同的规定，按时足额支付工资报酬，并有权享受国家规定的医疗、住房等各种福利待遇和优惠，以及带薪休假等权利。

(4)进修培训的权利

保育师有权参与进修和接受其他多种形式的培训，不断更新知识，调整知识结构，提高自己的思想品德和业务素质，保障托育服务质量。托育机构及上级有关部门应当采取多种形式、开辟多种渠道，为保育师参加进修和培训创造条件，提供机会。

案例

福州的林女士反映，她在今年四月份与福州运动宝贝早教中心奥体店签订了托育协议，签到今年七月份。但就在昨天，突然接到老师的通知，称该店疑似要关停，无法退钱，孩子可以去可妙儿金山店继续就读，目前这周的早教课已经暂停了。部分家长认为金山店太远，想要退款。那这家店是否真的要关停呢？记者也前往该店核实情况，据员工称，她们也是昨天才接到园长的通知，并且她们的工资也被拖欠了。记者联系上该机构的园长，园长表示有接到公司口头通知，表示有意向与可妙儿金山店合并，但通知没正式下发。该说法却遭到该店一名相关负责人的否认，表示他们并没有要合并，老师工资未发是因为资金问题，以后会补发。

无独有偶，成都高新区天府新区某幼儿托育机构因资质问题停业，已拖欠教师员工2—3个月的工资，且未与家长协商退费问题。上述案例，需要相关部门严格依照消费者权益保护法、劳动法及其实施条例等法律法规有关规定，对构成犯罪的，依法追究刑事责任，切实维护学员和老师的合法权益。①

（二）保育师的义务

1.遵守宪法、法律和职业道德的义务

保育师必须遵守宪法、法律和职业道德。宪法和法律是国家社会组织和公民活动的基本行为准则。保育师的工作有其特殊性，工作对象是稚嫩脆弱的婴幼儿，应当模范地遵守宪法和法律，遵守职业道德，树立正确的保育观念，坚持儿童优先，保障儿童权利。熟悉婴幼儿照护服务相关政策法规，遵守保育人员岗位职责和基本规范；具备良好的职业道德和专业认同感。

2.完成保育工作的义务

保育工作是保育师的本职工作。保育师要切实做好安全防护工作，最大限度地保护婴幼儿的安全和健康；掌握婴幼儿卫生保健、生活照料等保育工作的基本方法和操作规范，合理安排婴幼儿的生活和活动；具备促进婴幼儿早期发展的能力，满足婴幼儿身体发育和心理发展的需要；掌握与家庭及社区沟通合作的技巧，提供科学育儿指导，及时进行专业反思。

3.保护婴幼儿合法权益的义务

保育师有义务制止有害婴幼儿发展的行为或其他侵犯婴幼儿合法权益的

---

① 详情参见腾讯新闻《家长反映退费无门，员工还被拖欠工资，这家托育机构怎么了?》，2022年5月8日访问。有删改。

行为，抵制和批评有害于婴幼儿健康成长的现象。保护婴幼儿的合法权益和身心健康是全社会的共同责任，保育师更负有保护婴幼儿合法权益和身心健康成长的义务。保育师在托育机构从事与婴幼儿照护工作相关的活动中，对侵犯婴幼儿合法权利的违法行为应当予以制止，也应当对家庭和社会中出现的有害于婴幼儿身心健康发展的不良现象进行抵制。

4.不断提升科学保育能力的义务

保育师应不断提高自己的思想政治觉悟和照护水平。婴幼儿照护工作是一项专业性较强的工作，担负着提升民族素质的使命。随着社会与科技的发展，知识的更新速度不断加快，保育师要长期胜任工作，跟上时代的步伐，就需要不断加强自身的道德修养，掌握以下知识与能力：婴幼儿生理学知识与婴幼儿心理学知识；婴幼儿营养知识、婴幼儿喂养知识；婴幼儿预防伤害知识、婴幼儿急救常识；婴幼儿常见病及保健知识、婴幼儿传染病及预防知识；婴幼儿生活环境创设知识、婴幼儿支持性环境创设知识、合作共育基本知识；不断提高科学保育的能力，不断提升自己的专业理念，树立更科学的儿童观、保育观、医育结合理念等；掌握沟通与反思能力，包括进行日常观察记录与反馈，对家庭、社区进行沟通合作与科学养育指导等。①

四、保育师的素养构成

（一）保育师的业务素养

2021年1月发布的《托育机构保育指导大纲（试行）》明确指出，托育机构保育人员是婴幼儿照护服务的主要实施者，应当具有良好的职业道德和业务能力，身心健康，负责婴幼儿日常生活照料和活动组织，主动了解和满足婴幼儿不同的发展需求，平等对待每一个婴幼儿，呵护婴幼儿健康成长。婴幼儿照护工作中，应当遵循婴幼儿发展的年龄特点与个体差异，通过多种途径促进婴幼儿身体发育和心理发展。

1.保育师的专业性

保育师主要负责婴幼儿日常生活照料，安排游戏活动，促进婴幼儿身心健康，养成良好行为习惯，应当具有婴幼儿照护经验或相关专业背景，受过婴幼儿保育相关培训和心理健康知识培训。2021年8月12日，卫生健康标准网就《托育机构质量评估标准》②公开征求意见，其中对保育人员的界定是：在托育机构中通过创设适宜环境，合理安排一日生活和活动，为3岁以下婴幼儿提供生活

① 黄振中，李曼丽．基于专业标准的儿童早期发展保教师及其核心知识能力框架研究[J]．教育学报，2019，15(06)：82-92.

② 《托育机构质量评估标准》于2021年8月12日在卫生健康标准网征求意见。截至目前（2022年5月），全文尚未正式公布。

照料、安全看护、平衡膳食和早期学习机会，促进婴幼儿身体和心理全面发展的婴幼儿照护服务人员。保育师是专业人员，这是就保育师的身份特征而言，如同教师一样，是从事专门职业活动的专业人员，必须具备专门的资格，符合特定的要求。目前有三个方面要求：一是要达到符合规定的学历；二是要具备相应的专业知识与专业能力；三是要符合与其职业相称的其他有关规定。

2.保育师的职业要求

保育师的职业能力特征为：身心健康，人格健全；热爱婴幼儿，认真负责；亲切和蔼，善于沟通；观察敏锐，身体灵活。保育师共有五个等级：五级/初级工；四级/中级工；三级/高级工；二级/技师；一级/高级技师。其考核分为理论知识考试、技能考核以及综合评审。理论知识考试以笔试、机考等方式为主，主要考核从业人员从事本职业应掌握的基本技能和相关知识；技能考核主要采用模拟操作等方式进行，主要考核从业人员从事本职业应具备的技能水平；综合评审主要针对技师和高级技师，通常采取审阅申报材料、答辩等方式进行全面评议和审查。

保育师应当以婴幼儿为中心，尊重婴幼儿的主体权利并最大化地保障婴幼儿的健康与利益。保育师应当认识到其职业价值，不断增强自身职业尊严，并营造互相尊重、信任、合作和幸福的工作环境。此外，还需要遵守法律、用正直的品格和高标准的职业操守从事婴幼儿照护工作。

3.保育师的专业要求

保育师的相关职业有：育婴员、婴幼儿发展引导员、母婴保健技术服务人员、母婴护理员、健康管理师、公共营养师、幼儿教育教师、助产士、儿科护士、儿科医师等。

《保育师国家职业技能标准（2021年版）》中要求，保育师应掌握的基础知识包括婴幼儿生理与心理知识，婴幼儿营养与喂养知识，婴幼儿安全照护、伤害预防知识与急救常识，婴幼儿常见病及保健知识，传染病及预防知识，婴幼儿生活环境创设知识、婴幼儿支持性环境创设知识、家园合作共育的基本知识，以及相关的法律法规知识。

在日常工作中，保育师的实践能力要求包括环境创设、生活照料、安全健康管理、早期学习支持、合作共育等方面，具体为：能依规布置日常照料和游戏空间的环境创设能力；能够对常见的危险品进行保管，做好物品的使用、登记的物品管理能力；能配置常用的消毒液，按程序对婴幼儿活动场所及各类设施设备、用品材料等进行清洁消毒及记录的清洁消毒能力；识别婴幼儿困倦的信号，为其创设良好的睡眠环境，安抚婴幼儿入睡，做好睡眠巡视和看护的睡眠照料能力；能为婴幼儿测量身高体重，进行晨检午检晚检、全日健康观察，开展适宜锻炼的健康管理能力；能发现一日生活中的潜在风险，预防磕碰伤、挤压伤、跌倒伤、异物伤等常见伤害，做好一日生活过程看护的伤害预防能力；能为婴幼儿提供多种形式的活动机会，保证其充足活动时间，保护婴幼儿对周围环境与事物的好奇心、求知欲，提供可信赖的环境探索，加以适当的语言示范的早期发展支持能力；能与同事交流婴幼儿的基本表现，整理日常保育文档与资料，能向家长描述婴幼儿在机构的基本情况，展示家园共育信息的合作共育能力。

资料链接

技工学校本专业为婴幼托育，相关专业包括护理、幼儿教育、健康服务与管理、健康与社会照护、公共营养保健、家政服务等。

职业学校本专业包括中等职业教育的婴幼儿托育，高等职业教育专科的婴幼儿托育服务与管理，高等职业教育本科的婴幼儿发展与健康管理等。

职业学校相关专业包括中等职业教育的幼儿保育、母婴照护、护理、中医护理、营养与保健、现代家政服务与管理等；高等职业教育专科的早期教育、学前教育、护理、食品营养与健康、健康管理、医学营养、预防医学、助产、特殊教育、心理健康教育、现代家政服务与管理、心理咨询等；高等职业教育本科的护理、儿童康复治疗、健康管理、学前教育、现代家政管理等，以及普通高等学校本科的教育学类、护理学类、心理学类、公共卫生与预防医学类、儿科学、健康服务与管理、公共事业管理、家政学等。

（二）保育师的道德素养

保育师需要熟悉婴幼儿照护服务相关法规与政策，树立法治意识与规范保育思想；学习保育工作的基本技能与方法，强化安全保育意识；掌握婴幼儿早期发展与回应性照护的知识与策略，提升科学保育素养。具体要求如下：

1.品德高尚，富有爱心

保育师职业道德在道德意识上比其他职业道德有着更高的要求。保育师从事的是培育人的工作，0—3岁这一时期是婴幼儿身心发展的关键时期。保育师是我国婴幼儿照护事业的重要保障，品德高尚、富有爱心是保育师的基本要求。

2.敬业奉献，素质优良

保育师在道德行为上比其他职业道德具有更强的示范性。道德行为是指在道德意识支配下所表现出来的符合一定道德规范的行为。保育师不但要有较高的道德意识水平，而且由于职业实践的需要，力求把这种道德意识通过行为表现出来。保育师要忠诚于国家的婴幼儿照护事业，具有强烈的责任心，恪尽职守，乐教敬业，无私奉献，不计较个人名利得失。

3. 尊重差异，积极回应

没有爱就没有教育，爱是教育的灵魂。保育师对婴幼儿的爱与亲人之间的爱有所不同，这种爱并非来自血缘关系，也不来自教师某种单纯的个人需求，而是来源于他对婴幼儿照护事业的深刻理解与高度责任感，对照顾对象的正确认识、满腔热情和无限希望。保育师面对的是渴望呵护与关爱的稚嫩心灵，尊重婴幼儿差异、积极回应婴幼儿需求是保育师的核心要求。

第二节 托育机构负责人

一、托育机构负责人概说

托育机构负责人负责托育机构的全面工作，应当具有大专以上学历、有从事儿童保育教育、卫生健康等相关管理工作3年以上的经历，且经托育机构负责人岗位培训合格。针对拟从事或正在从事托育机构管理工作的负责人，首先需采用理论和实践相结合、线上与线下相结合的方式进行培训。培训总时间不少于60学时，其中理论培训不少于40学时，实践培训不少于20学时。通过培训，使参训托育机构负责人端正办托思想，正确理解贯彻党和国家的托育服务方针政策；规范办托行为，具备履行岗位职责必备的基本知识与能力；增强管理能力，能够科学组织与管理托育机构。

二、托育机构负责人的职责

托育机构负责人要掌握《中华人民共和国未成年人保护法》《中华人民共和国母婴保健法》《中华人民共和国母婴保健法实施办法》《中华人民共和国食品安全法》《托儿所幼儿园卫生保健管理办法》等相关法律法规，认真学习《国务院办公厅关于促进3岁以下婴幼儿照护服务发展的指导意见》《托育机构设置标准（试行）》《托育机构管理规范（试行）》《托儿所、幼儿园建筑设计规范》《建筑设计防火规范》《托育机构登记和备案办法（试行）》《托育机构保育指导大纲（试行）》《托育机构婴幼儿伤害预防指南（试行）》《婴幼儿喂养健康教育核心信息》等相关政策文件。

托育机构负责人要具有基本职业道德与专业理念，具备职业认同，履行岗位职责与行业规范，尊重婴幼儿权利及其家庭合法权益，掌握心理健康知识；具备科学的儿童观、保育观、与家庭及社区合作共育观念，医育结合的理念。具体要求如下：

（一）端正办托思想

（1）熟悉并执行托育服务相关政策法规，增强法治意识，履行岗位职责，遵守行业规范。

（2）具备良好的职业道德，树立正确科学的儿童观、保育观。

（二）规范办托行为

（1）理解托育机构管理岗位要求，能够建立信息管理、健康管理、疾病防控和安全防护监控制度，制定安全防护、传染病防控等应急预案，确保婴幼儿的安全和健康。

（2）根据婴幼儿身心发展特点和规律，制订科学的保育方案，合理安排一日生活和活动，提供支持性环境，满足婴幼儿健康成长的需要。

（三）提升管理能力

（1）规划托育机构发展，加强保育的组织与管理，增强对保育人员的指导、检查和评估，引领托育机构质量提升。

（2）与家庭、社区密切合作，整合各方资源支持托育机构保育工作，向家长、社区提供照护服务和指导服务，帮助家庭增强科学育儿能力。

三、托育机构负责人的权利和义务

托育机构负责人拥有宪法和劳动法规定的作为中国公民与劳动者的基本权利与义务；拥有作为托育机构负责人的专业权利；具有对托育机构规范发展、婴幼儿安全与卫生保健、托育机构人员管理、家长沟通等多项工作的权利与义务。其中，规范发展、卫生保健、安全防护、保育管理、人员管理、维护外部关系既是托育机构负责人的权利，也是其职责范围内应尽的义务。

（1）规范发展。托育机构负责人在运营机构前，必须先登记备案，运营中必须签订托育服务协议，进行收托健康检查、收托信息管理，进行信息公示，制定机构发展规划、机构发展反思与改进等。

（2）卫生保健。托育机构负责人必须做好机构内卫生保健工作，监督室内外环境卫生，设施设备、用品、材料等卫生消毒，婴幼儿常见疾病、传染病、伤害的预防与控制，科学喂养与膳食添加，睡眠环境与照护，晨午检与全日健康观察，体格锻炼，心理行为保健，工作人员健康管理等。

（3）安全防护。托育机构负责人要普及安全消防知识、食品安全知识，确认场地设施、婴幼儿家具、用具、玩具、图书、游戏材料配备要求是否符合婴幼儿发展，制定安全防护措施、突发事件应急与处理预案。

（4）保育管理。托育机构负责人要做好保育管理，了解婴幼儿生理、心理发展知识，做好一日生活和活动安排与组织，生活与卫生习惯培养，动作、语言、认知、情感与社会性等方面保育，户外活动要求与组织，游戏安排与组织，环境创设与利用。

（5）人员队伍管理。托育机构负责人必须按照相关规定配置人员队伍，及时与人员签订劳动合同，保障人员合法权益，明确人员职位晋升与工作激励机制，开展人员岗前培训与定期培训，做好人员安全与法治教育、人员专业发展规划和人员心理健康管理。

(6)外部关系。托育机构负责人要结合家长与社区资源,切实发挥家长会议、家长接待与咨询、家长委员会、家长开放日的作用,向家庭、社区提供照护服务和指导服务,配合主管部门业务指导的内容与要求。

资料链接

州长回应网民举报托育机构超范围经营[1]

网民王先生:

您好!2022年3月31日,您通过"人民网领导留言板"向州长留言反映"台江县新星托育园,未来星托幼园,智慧星托育园,大森林托管中心,虎蓝托管中心,起点托管中心,大自然托管中心……招收3—6岁幼儿并天天小学化,是否超范围经营,为何没有相关部门严查整顿"的问题,我们及时转台江县办理。

2022年4月27日,台江县教育和科技局、公安局、市场监管局、住房和城乡建设局等部门组成工作组再次实地检查,均未发现小学化违规书籍以及教学方面的行为。根据台江县教育、市监、消防等14部门联合制定并印发的《台江县校外培训机构专项治理实施方案》(台教督委通〔2021〕1号)精神,2022年4月27日,工作组通知7所托育中心的负责人召开座谈会,会上再次组织学习《国务院办公厅关于促进3岁以下婴幼儿照护服务发展的指导意见》《台江县教育和科技局履行行政管理职责告知书》《托幼机构规范托管行为承诺书》《从业人员承诺书》。要求各负责人自查整改,并明确告知在下次督查检查中,如未整改到位将依法追究责任。

① 详情参见http://liuyan.people.com.cn/threads/content? tid=13953656。2022年5月16日访问。有删节。

第三节 婴幼儿发展引导员

一、婴幼儿发展引导员概述

婴幼儿发展引导员，其职业定义是从事0—3岁婴幼儿身心健康发展引导并对婴幼儿看护人提供辅助咨询服务工作的人员。受教育程度要求为初中毕业或相当的文化程度，其职业功能为孕期引导、照护引导、发展引导、发展咨询与评估。就其内容而言，孕期引导包括生理指导、心理指导、营养与运动指导；照护引导包括营养喂养、日常保健护理、安全防护；发展引导包括动作发展、言语发展、认知发展、情绪和社会性发展引导；发展咨询与评估包括婴幼儿发展评估、养育环境评估、社会资源评估。

婴幼儿发展引导员职业能力特征为：人格健全，身心健康；尊重婴幼儿，支持看护人；细心，有爱心、耐心和责任心；观察敏锐，善于表达。

婴幼儿发展引导员只有四个等级：四级/中级工；三级/高级工；二级/技师；一级/高级技师。其相关职业有育婴员、保育师、孤残儿童护理员、生殖健康咨询师、母婴护理员、幼儿教育教师、儿科护士、儿科医师等。本专业或相关专业为：中等职业教育的幼儿保育、母婴照护专业，高等职业教育专科的婴幼儿托育服务与管理、早期教育、学前教育专业及健康管理、护理、儿童康复治疗等专业，普通高等学校本科的学前教育专业及临床医学、护理学、妇幼保健医学等专业，研究生教育的学前教育学、儿科学、护理学、中医儿科学等专业，技工院校的婴幼儿托育及相关护理、幼儿教育、健康服务与管理、健康与社会照护等专业。

二、婴幼儿发展引导员的职业要求

婴幼儿发展引导员是《人力资源社会保障部办公厅关于颁布网约配送员等18个国家职业技能标准的通知》(人社厅发〔2021〕92号)中公布的新兴职业。其权利与义务尚不明晰。根据已有资料，其职业道德与职业要求大致如下：

(一)婴幼儿发展引导员的职业道德

1.遵纪守法，诚信服务

作为婴幼儿照护服务从业人员，婴幼儿发展引导员从事的是0—3岁婴幼儿身心健康发展引导并对婴幼儿看护人提供辅助咨询服务的工作，更应当模范遵守宪法、法律和职业道德。

2. 爱岗敬业，恪尽职守

爱岗与敬业互为前提，相辅相成，“爱岗”是“敬业”的基石。婴幼儿发展引导员在从事婴幼儿照护服务活动中，必须贯彻国家的教育方针，遵守教育行政部门、学校和其他教育机构制定的教育教学管理各项规章制度和具体的工作计划，完成职责范围内的工作任务。只有爱岗敬业的人，才能在自己的岗位上恪尽职守，勤勤恳恳，不断钻研学习，全面发展。

3. 关爱孩子，尊重差异

婴幼儿发展引导员在婴幼儿照护服务中要关心爱护全体婴幼儿，尊重婴幼儿的个体差异，有的放矢地帮助其形成健康完善的人格，为其全面发展奠定良好的基础。同时，有义务制止有害于婴幼儿发展的行为，或者其他侵犯婴幼儿合法权益的行为，抵制和批评有害于婴幼儿健康成长的现象。

4. 认真观察，积极回应

婴幼儿发展引导员就其工作内容而言，需要在日常工作中积极回应婴幼儿的需求，进行生理指导、心理指导、营养与运动指导、照护引导与发展引导。同时，需要以科学的观察与分析为基础，进行婴幼儿发展评估、养育环境评估、社会资源评估等发展咨询与评估工作。

5. 好学善思，主动发展

学习是发展和进步的不竭动力，婴幼儿发展引导员要不断提高自己的思想政治觉悟和工作水平，勤学敏行、好学善思，主动发展，持续提升自身工作能力，学以致用，躬行不倦，始终以更强的能力与更好的状态引导婴幼儿发展。

三、婴幼儿发展引导员的素养构成

1. 职业要求

婴幼儿发展引导员要求人格健全，身心健康；尊重婴幼儿、支持看护人；细心，有爱心、耐心和责任心；观察敏锐，善于表达。

2. 专业要求

婴幼儿发展引导员必须掌握孕期引导知识、婴幼儿身心发育知识、婴幼儿发展引导知识、婴幼儿照护基本知识、婴幼儿安全知识。

孕期引导知识包括孕产妇身心变化规律及特点、胎儿发育规律及特点、孕期营养和运动知识；婴幼儿身心发育知识包括婴幼儿生理发育规律及特点、婴幼儿心理发育规律及特点等知识；婴幼儿发展引导知识包括婴幼儿动作发展及其环境营造、婴幼儿认知发展及其环境营造、婴幼儿语言发展及其环境营造、婴幼儿情感与社会性发展及其环境营造知识；婴幼儿照护基本知识包括婴幼儿营养与喂养、婴幼儿睡眠与日常生活习惯、婴幼儿常见病与预防、婴幼儿回应性照护、婴幼儿早期学习及机会创设、婴幼儿发展及养育环境评估知识；婴幼儿安全知识包括婴幼儿安全的基本理念、婴幼儿日常居家与出行安全、婴幼儿伤害预防、婴幼儿常见伤害紧急处理知识。

3.专业能力

婴幼儿发展引导员需要具备孕期引导、照护引导、发展引导、发展测评与咨询的能力。要能够提醒并讲解重点产检项目及注意事项、指导孕妇识别常见症状，给予保健指导，指导孕妇识别临产征兆，做好分娩物品准备。

心理健康方面，能帮助孕产妇了解孕期及产后常见心理反应，指导孕产妇表达内心感受与想法，指导孕产妇合理宣泄负面情绪。

营养与运动方面，能依据膳食指南及膳食宝塔指引孕产妇膳食、指导孕产妇适宜增重，指导孕产妇选择适宜的常见运动方式；能介绍母乳喂养的重要性，指导看护人进行配方奶喂养，正确使用喂养工具并进行辅食添加，引导婴幼儿养成良好的饮水习惯，创设安静宽松愉快的进餐环境，协助婴幼儿进餐、学习独立地进餐，指导看护人制定适宜的食谱。

保健护理方面，指导看护人掌握婴幼儿盥洗的方法、两便清洁方法，培养婴幼儿用眼习惯、口腔卫生习惯，培养婴幼儿安全睡眠，识别婴幼儿不同月龄情绪变化及回应措施，婴幼儿预防接种的知识，婴幼儿常见症状的护理知识与方法。

安全防护方面，指导看护人掌握婴幼儿居家安全知识、出行安全知识、饮食安全知识、用药安全知识以及避免做出妨碍婴幼儿身心健康发展的行为。

动作发展方面，指导看护人创设适宜婴幼儿动作发展的环境，了解婴儿先天性反射，知道婴幼儿粗大动作与精细动作发展的基本规律，掌握婴幼儿艺术教育的方法。

语言发展方面，指导看护人结合实物和动作，引导婴幼儿倾听和理解语言，引导婴幼儿使用声音、动作词汇等进行简单的互动和交流，指导看护人培养婴幼儿阅读的兴趣和习惯，指导看护人吟唱童谣或儿歌。

认知发展方面，指导看护人掌握婴幼儿感知觉发展、注意记忆发展、思维想象发展的规律和特点，指导看护人创设适宜的情境，提供适宜其感知觉发展的材料，启发婴幼儿进行简单的分类配对和排序等游戏活动。

发展测评方面，指导看护人了解婴幼儿身心发展指标，观察记录婴幼儿发展状况，使用适宜的沟通技巧，了解婴幼儿发展及照护状况。

环境评估方面，指导看护人了解婴幼儿生活用品，玩具图书材料等配备要求，以及婴幼儿照护环境创设的状况。

资源咨询方面，帮助看护人了解社区婴幼儿医疗保健机构，了解社区婴幼儿保育和教育机构，了解社区婴幼儿游戏场所。

本章小结

托育机构工作人员作为婴幼儿照护服务的专业人员，是促进婴幼儿照护服务的中坚力量，厘清其定义与法律地位，明确其权利与义务，明晰其职业素养构成，对于未来托育机构工作人员的培养至关重要。

保育师有照护指导、评估指导、获取报酬、进修培训的权利；有遵守宪法、法律和职业道德的义务，完成保育工作的义务，保护婴幼儿合法权益、不断提升科学保育能力的义务；具备对婴幼儿实施科学保育与教育、营养与喂养观察和记录婴幼儿行为、婴幼儿急救与保健、家庭社会沟通等方面的专业知识与能力。还应具备品德高尚，富有爱心；敬业奉献，素质优良；尊重差异，积极回应；安全健康，科学规范的职业道德。

托育机构负责人拥有宪法和劳动法规定的作为中国公民与劳动者的基本权利与义务，拥有作为托育机构负责人的专业权利；具有对托育机构规范发展、婴幼儿安全与卫生保健、托育机构人员管理、家长沟通等多项工作的权利与义务；规范发展、卫生保健、安全防护、保育管理、人员管理、维护外部关系既是托育机构负责人的权利，也是其应尽的义务。

婴幼儿发展引导员应当遵纪守法，诚信服务；爱岗敬业，恪尽职守；关爱孩子，尊重差异；认真观察，积极回应；好学善思，主动发展。婴幼儿发展引导员必须掌握孕期引导知识、婴幼儿身心发育知识、婴幼儿发展引导知识、婴幼儿照护基本知识、婴幼儿安全知识，具备孕期引导、照护引导、发展引导、发展测评与咨询的能力。

推荐阅读

1.《保育师国家职业技能标准》与《婴幼儿发展引导员国家职业标准》(2021年版)

2.《托育机构负责人培训大纲(试行)》《托育机构保育人员培训大纲(试行)》(2021年8月19日)

3. 国家卫生健康委人口家庭司.婴幼儿照护服务文件汇编:2021版.北京:中国人口出版社,2021.

推荐理由：《婴幼儿照护服务文件汇编》包括国务院办公厅、国家卫生健康委员会、教育部等关于婴幼儿照护服务的规范性文件，对于开展婴幼儿照护服务的婴幼儿照护服务机构有很强的指导意义，可以作为研究婴幼儿照护服务工作的文献，亦可作为开展婴幼儿照护服务工作的指导手册，实用性、全面性、指导性兼具。

第四章

婴幼儿家庭照护政策与法律

学习目标

1. 了解母婴保健法的主要内容。

2. 了解《乳品质量安全监督管理条例》中关于婴幼儿奶粉质量安全管理的内容。

3. 掌握《三岁前小儿教养大纲(草案)》的主要内容。

4. 掌握家庭教育促进法的制定背景、主要内容,并能够运用相关知识对案例进行分析。

学习重点

1.《三岁前小儿教养大纲(草案)》的主要内容。

2. 家庭教育促进法的主要内容。

学习难点

1. 理解《三岁前小儿教养大纲(草案)》的理念与方法对婴幼儿照护的启示。

2. 运用家庭教育促进法中关于婴幼儿照护的内容对案例进行分析。

第一节

《中华人民共和国母婴保健法》解读

促进母婴安全高质量发展，降低孕产妇死亡率、婴儿死亡率和伤残风险，构建妇幼健康服务体系是我国政府的重要工作。妇女是参与政治和经济文化社会事务的重要力量，儿童是未来的生力军，妇女儿童的健康发展关系到社会进步与稳定和谐。为了保障母亲和婴幼儿的生命权、健康权、发展权等权利，为妇女儿童提供安全、有效、便捷的服务，我国制定了一系列法律法规。

一、母婴保健法制定的背景和意义

1994年10月27日，第八届全国人民代表大会常务委员会第十次会议通过了《中华人民共和国母婴保健法》。2009年8月27日，第十一届全国人民代表大会常务委员会第十次会议对其进行第一次修正。2017年11月4日，第十二届全国人民代表大会常务委员会第三十次会议对其进行第二次修正。母婴保健法是我国母婴保健工作的基本法，它的颁布是党和政府高度关注妇女儿童健康的重要体现。该法确定了国家发展母婴保健事业，为其提供必要条件、物质帮助、医疗服务、监督管理的责任，是国家通过法律手段保障出生人口素质的重要手段，是推动我国妇幼卫生工作进入法治化的显要标志。

二、母婴保健法文本解读

母婴保健法由七个部分组成，《总则》说明了制定本法的依据、目的、政府责任等；《婚姻保健》对婚前保健服务的内容、婚前医学检查的内容等做出规定；《孕产期保健》包括孕产期保健服务的内容、终止妊娠的情形、医疗保健机构的服务内容；《技术鉴定》对技术鉴定人员资质等做了具体要求；《行政管理》明确了各级政府责任、医疗保健机构责任、相关工作人员资质等；《法律责任》对何种情况进行处罚做出规定；《附则》对相关专业用语进行了解释。

（一）母婴保健法制定的目的与依据

母婴保健法第一条指出："为了保障母亲和婴儿健康，提高出生人口素质，根据宪法，制定本法。"该法的制定目的是保障母亲和婴儿的身体健康，身体健康是个体发展的基础，实现优生优育能够确保人口素质的不断提升，从而增强生产力，促进国民经济增长，同时有利于降低政府在社会救济等方面的开支。《中华人民共和国宪法》第四十九条规定："婚姻、家庭、母亲和儿童受国家的保护。"它为该法的制定提供了依据。

(二)婚前保健

婚前保健有利于夫妻双方在婚后得到健康保护,尽早发现影响结婚和生育的疾病,降低传染性疾病的风险,控制遗传性疾病的延续,减少抚育不健康婴幼儿的机会,保障婚姻生活幸福。

1.婚前保健服务内容

母婴保健法第七条指出,婚前保健服务包括婚前卫生指导、婚前卫生咨询和婚前医学检查,具体指关于性卫生知识、生育知识和遗传病知识的教育;对有关婚配、生育保健等问题提供医学意见;对准备结婚的男女双方可能患影响结婚和生育的疾病进行医学检查。第八条指出,婚前医学检查包括严重遗传性疾病、指定传染病、有关精神病。规范有序地开展产前筛查和产前诊断,对艾滋病、梅毒、乙肝母婴传播等能够起到有效防控,及时发现和干预影响怀孕、生产的风险因素,是避免出现不良妊娠结果的重要手段。

2.医疗保健机构的具体职责

母婴保健法第九条至第十条指出医疗保健机构的具体职责,包括对患指定传染病在传染期内或者有关精神病在发病期内的,医师应当提出医学意见;对诊断患医学上认为不宜生育的严重遗传性疾病的,医师应当向男女双方说明情况,提出医学意见。

3.准夫妻的责任与权利

母婴保健法第九条至第十一条指出准夫妻的责任,包括:首先,接受婚前医学检查;其次,对患指定传染病在传染期内或者有关精神病在发病期内的,准备结婚的男女双方应当暂缓结婚;再次,对诊断患医学上认为不宜生育的严重遗传性疾病的,经男女双方同意,采取长效避孕措施或者施行结扎手术后不生育的,可以结婚。最后,男女双方在结婚登记时,应当持有婚前医学检查证明或者医学鉴定证明。母婴保健法第十一条指出准夫妻的权利是,接受婚前医学检查的人员对检查结果持有异议的,可以申请医学技术鉴定,取得医学鉴定证明。

(三)孕产期保健

孕产期保健服务是从怀孕开始至产后42天为孕产妇、胎儿及新生儿提供的系统检查、监护和保健指导。孕产期保健有利于及早筛选高危孕妇,及早对孕产妇及其子女提供健康服务,以确保其生命安全与健康。

1.孕产期保健服务内容

母婴保健法第十四条指出,孕产期保健服务内容包括母婴保健指导、孕产妇保健、胎儿保健、新生儿保健。其中,新生儿保健是为新生儿生长发育、哺乳和护理提供医疗服务。婴幼儿身体健康是其他方面能力发展的重要前提,医疗保健机构应为家庭提供婴幼儿喂养与营养、体格发育、新生儿护理、常见疾病与传染病预防等服务，如应宣传母乳喂养的重要性、指导母乳喂养姿势、讲解常见母乳喂养困难与防治方法、解答辅食添加等相关问题。

2. 医疗保健机构的具体职责

母婴保健法第十五条至第十八条、第二十一条至第二十四条指出了医疗保健机构对母婴健康的职责，如第二十四条指出，医疗保健机构为产妇提供科学育儿、合理营养和母乳喂养的指导。医疗保健机构对婴儿进行体格检查和预防接种，逐步开展新生儿疾病筛查、婴儿多发病和常见病防治等医疗保健服务。医疗保健机构为家庭提供母婴保健服务，有利于帮助家庭形成健康育儿理念，掌握科学育儿方法，同时进行新生儿疾病筛查，对提高婴幼儿健康水平，减轻家庭与社会负担具有重要作用。如医疗保健机构应在婴幼儿3月、6月、8月、12月各进行一次体格检查，对其体重、身高、头围、四肢、听力、视力等进行监测，及时发现异常情况，通过预防为主、防治结合的手段保护婴幼儿及其家庭。

案例

缺乏孕产期保健，增加妊娠风险[①]

高龄产妇、多胎产妇遇到妊娠风险较高，在许多临床工作中，医生发现妇女没有生育条件，缺乏生育的身体基础的情况下依然缺乏定时孕检。在广西人口28万的边境县城，一位产科护士告诉记者："医院高龄产妇占比较高，三胎和四胎情况较常见。"另一位医生告诉记者："我们最近收治了一例五胎产妇，她2015、2017、2019、2020、2021年都生了一个。这一胎由于自己经验太丰富，从来不产检，33周才到我这里。最后这孩子是个腹裂，整个的肝脏肠管全在外头。"

(四)技术鉴定

母婴保健法第二十五到第二十七条对技术鉴定机构、从业人员资质、技术鉴定要求作出了规定。第一，县级以上地方人民政府可以设立医学技术鉴定组织，负责对婚前医学检查、遗传病诊断和产前诊断结果有异议的进行医学技术鉴定。第二，从事医学技术鉴定的人员，必须具有临床经验和医学遗传学知识，并具有主治医师以上的专业技术职务。第三，医学技术鉴定实行回避制度。凡与当事人有利害关系，可能影响公正鉴定的人员，应当回避。

① 详情参见腾讯网署名山竹的文章《产科寒冬来了？医生：以前建档一号难求，现在想尽办法争病人》，2022年3月18日访问，有删节。

（五）行政管理

1.各级政府及相关部门的工作职责

母婴保健法第二十八条至第三十条指出，各级政府的工作职责是采取措施，加强母婴保健工作，提高医疗保健服务水平，积极防治由环境因素所致严重危害母亲和婴儿健康的地方性高发性疾病，促进母婴保健事业的发展。县级以上地方人民政府卫生行政部门应管理本行政区域内的母婴保健工作。省、自治区、直辖市人民政府卫生行政部门指定的医疗保健机构负责本行政区域内的母婴保健监测和技术指导。该法为相关部门开展审批、管理、监督工作提供了具体依据，同时也有利于将妇幼健康工作落实到位。

2.医疗保健机构的职责

母婴保健法第三十一条至第三十二条指出，医疗保健机构的职责是负责其职责范围内的母婴保健工作，建立医疗保健工作规范，提高医学技术水平，采取各种措施方便人民群众，做好母婴保健服务工作。同时严禁采用技术手段对胎儿进行性别鉴定，但医学上确有需要的除外。禁止非医学需要的胎儿性别鉴定和选择性别人工妊娠终止对于改善出生人口性别比失衡有重要作用。

3.从事母婴健康工作的人员资质与要求

母婴保健法第三十三条指出，从事相关工作的人员必须经过省、自治区、直辖市人民政府卫生行政部门的考核，并取得相应的合格证书。从事本法规定的婚前医学检查、施行结扎手术和终止妊娠手术的人员，必须经过县级以上地方人民政府卫生行政部门的考核，并取得相应的合格证书。第三十四条指出从事相关工作的人员要求是应当严格遵守职业道德，为当事人保守秘密。该法要求工作人员应依法行医，严格履行法律手续，考核合格且持证、经过批准后才能从事相关工作，应坚持救死扶伤、防病治病的医德准则。

（六）法律责任

母婴保健法的制定有利于维护母婴的合法权益、保障生命健康、减少孕产妇和婴儿死亡，为保证该法产生法律效应，各主体履行法律责任，对其应当承担的后果进行了规定。

1.无证处罚

母婴保健法第三十五条规定，未取得国家颁发的有关合格证书的，有从事婚前医学检查、遗传病诊断、产前诊断或者医学技术鉴定的；或者施行终止妊娠手术的；或者出具本法规定的有关医学证明的，县级以上地方人民政府卫生行政部门应当予以制止，并可以根据情节给予警告或者处以罚款。

2. 无证且造成伤害的处罚

母婴保健法第三十六条规定，未取得国家颁发的有关合格证书，施行终止妊娠手术或者采取其他方法终止妊娠，致人死亡、残疾、丧失或者基本丧失劳动能力的，依照刑法有关规定追究刑事责任。

3. 出具假证明或进行胎儿性别鉴定的处罚

母婴保健法第三十七条规定，从事母婴保健工作的人员违反本法规定，出具有关虚假医学证明或者进行胎儿性别鉴定的，由医疗保健机构或者卫生行政部门根据情节给予行政处分；情节严重的，依法取消执业资格。

第二节
《乳品质量安全监督管理条例》解读

一、《乳品质量安全监督管理条例》制定的背景和意义

所谓“食以安为先”，食品安全关系到人民的生命健康与生活幸福，2008年的“三聚氰胺事件”使得社会各界高度关注乳品质量问题，为确保乳品质量安全、维护社会稳定、强化乳品安全监管力度，2008年10月6日国务院第28次常务会议通过《乳品质量安全监督管理条例》，并于10月9日实施。《乳品质量安全监督管理条例》的颁布对于完善乳品质量安全管理制度，加强对奶畜养殖、生鲜乳收购、乳制品生产与销售整个过程的质量安全监管以及对危害婴幼儿健康行为实施处罚等提供了法律依据。

二、《乳品质量安全监督管理条例》文本解读

《乳品质量安全监督管理条例》（以下简称《管理条例》）由八个部分组成，《总则》指出制定本条例的目的、乳品的定义、各级政府对乳品质量安全的责任等；《奶畜养殖》对养殖场或养殖小区的设立条件、养殖档案内容等作出了具体规定；《生鲜乳收购》明确了生鲜乳收购站的资质、责任、要求等；《乳制品生产》对乳制品生产者资质、责任与要求进行了规定；《乳制品销售》明确了乳制品销售者的资质、责任与要求；《监督检查》说明了各管理部门职权与责任；《法律责任》对不符合法律法规要求的情形与责任作了具体规定；最后是《附则》。

（一）乳品安全责任与监管部门职责分工

《管理条例》第二条、第三条、第四十六条至第四十九条指出，乳品质量安全的第一责任者是奶畜养殖者、生鲜乳收购者、乳制品生产企业和销售者。监督管理部门的具体职责分工为：县级以上地方人民政府对本行政区域内的乳品质量安全监督管理负总责；县级以上人民政府畜牧兽医主管部门负责奶畜饲养以及生鲜乳生产环节、收购环节的监督管理；县级以上质量监督检验检疫部门负责乳制品生产环节和乳品进出口环节的监督管理；县级以上工商行政管理部门负责乳制品销售环节的监督管理；县级以上食品药品监督部门负责乳制品餐饮服务环节的监督管理；县级以上人民政府卫生主管部门依照职权负责乳品质量安全监督管理的综合协调，组织查处食品安全重大事故；县级以上人民政府其他有关部门在各自职责范围内负责乳品质量安全监督管理的其他工作；县级以上人民政府价格主管部门应当加强对生鲜乳购销过程中压级压价、价格欺诈、

价格串通等不正当价格行为的监督检查。

(二)乳品质量安全国家标准的规定

乳品质量安全国家标准是检测乳制品质量的重要依据。为此,《管理条例》第六条对乳品质量安全国家标准制定做了以下要求:(1)标准制定部门为国务院卫生主管部门;(2)标准制定内容应包括乳品中的致病性微生物、农药残留、兽药残留、重金属以及其他危害人体健康物质的限量规定,乳品生产经营过程的卫生要求,通用的乳品检验方法与规程,与乳品安全有关的质量要求,以及其他需要制定为乳品质量安全国家标准的内容;(3)标准的使用条件是根据疾病信息和监督管理部门的监督管理信息等,对发现添加或者可能添加到乳品中的非食品用化学物质和其他可能危害人体健康的物质,立即组织进行风险评估,采取相应的监测、检测和监督措施。

(三)奶业发展支持体系

《管理条例》第八条至第十一条分别规定:(1)国务院畜牧兽医主管部门会同国务院发展改革部门、工业和信息化部门、商务部门,制定全国奶业发展规划,加强奶源基地建设,完善服务体系,促进奶业健康发展;(2)县级以上地方人民政府应当根据全国奶业发展规划,合理确定本行政区域内奶畜养殖规模,科学安排生鲜乳的生产、收购布局;(3)省级以上人民政府应当在本级财政预算内安排支持奶业发展资金,并鼓励对奶畜养殖者、奶农专业生产合作社等给予信贷支持;(4)国家建立奶畜政策性保险制度,对参保奶畜养殖者给予保费补助;(5)畜牧兽医技术推广机构应当向奶畜养殖者提供养殖技术培训、良种推广、疫病防治等服务。

(四)奶畜养殖、生鲜乳收购、乳制品生产与销售的安全监管

1.奶畜养殖的安全管理

奶畜养殖是保证优质奶源的首要环节,科学规范的质量监管能够从源头上确保乳制品的安全。《管理条例》第十二条至第十八条对奶畜养殖的安全管理包括:(1)设立奶畜养殖场、养殖小区应符合相关条件,同时向所在地县级人民政府畜牧兽医主管部门备案;(2)奶畜养殖场应当建立养殖档案,内容包括检疫、免疫、消毒情况等;(3)不得使用国家禁用的饲料、饲料添加剂、兽药以及其他对动物和人体具有直接或者潜在危害的物质;禁止销售在规定用药期和休药期内的奶畜产的生鲜乳;奶畜必须符合健康标准并接受强制免疫;(4)奶畜养殖者应当做好相关防疫工作,遵守生鲜乳生产技术规程,直接从事挤奶工作的人员应当持有有效的健康证明;超过2小时未冷藏的生鲜乳,不得销售。

2.生鲜乳收购的安全管理

生鲜乳收购是奶畜养殖与乳制品生产的中间环节，针对收购流程中容易出现的问题，《管理条例》第二十条至第二十五条对生鲜乳收购质量安全管理进行了如下规定：(1)生鲜乳收购站的资质方面，应必须符合相关准入条件，禁止其他单位或者个人开办生鲜乳收购站；(2)在生鲜乳收购站的经营管理方面，要求收购站应对设施设备进行清洗消毒，按照国家标准对收购的生鲜乳进行常规检测，建立生鲜乳收购、销售和检测记录，不得收购对人体可能产生危害的生鲜乳，生鲜乳的贮存、运输、交接应当符合相关标准与要求；(3)在生鲜乳收购站的监督方面，要求县级以上地方人民政府价格主管部门应当加强对生鲜乳价格的监控和通报，及时发布市场供求信息和价格信息。县级以上人民政府畜牧兽医主管部门应当加强生鲜乳质量安全监测工作，制定并组织实施生鲜乳质量安全监测计划，对生鲜乳进行监督抽查，并按照法定权限及时公布监督抽查结果。

3.乳制品生产的安全管理

乳制品生产作为确保乳品质量安全的重要组成部分，《管理条例》第二十八条至第三十六条对乳制品生产的安全管理提出了以下要求：(1)从事乳制品生产活动的应当具备相关条件并取得食品生产许可证；(2)乳制品生产企业应当符合良好生产规范要求，建立质量管理制度，包括生鲜乳进货查验制度、出厂查验制度、销售记录制度、不安全产品召回制度；(3)乳制品的包装和标识方面，要求包装应当注明产品名称、规格、净含量、生产日期等规定内容。

4.乳制品销售的质量管理

乳制品销售是保证乳品质量安全的最终环节，针对容易出现的威胁乳品安全的方面，《管理条例》第三十七条至第四十五条对乳制品销售的质量安全管理作出了规定：(1)乳制品销售者的质量安全义务包括应取得相关证照、建立并执行进货查验制度、禁止销售不合格乳制品，禁止伪造或冒用质量标志；(2)不合格乳制品退市制度包括对不符合乳品质量安全国家标准、存在危害人体健康和生命安全应当立即停止销售，追回已经售出的乳制品，并记录追回情况。同时，履行不合格乳制品的更换、退货等义务。

(五)婴幼儿奶粉质量安全管理

《管理条例》第六条、第三十三条、第五十八条对婴幼儿奶粉质量安全管理作出了规定：(1)制定婴幼儿奶粉质量安全标准，应当充分考虑婴幼儿身体特点和生长发育需要，保证婴幼儿生长发育所需的营养成分；(2)加强对婴幼儿奶粉生产环节监管，要求生产婴幼儿奶粉应当保证婴幼儿生长发育所需的营养成分，不得添加任何可能危害婴幼儿身体健康和生长发育的物质。此外，婴幼儿奶粉标签应当标明主要营养成分及其含量，详细说明使用方法和注意事项；(3)制定婴幼儿奶粉召回、退市制度，包括对不符合乳品质量安全国家标准、存在可能危害婴幼儿身体健康和生长发育的乳制品，销售者应当立即停止销售，追回已经售的乳制品，并记录追回情况；(4)对生产、销售不符合规定的婴幼儿奶粉者进行处罚，如在婴幼儿奶粉生产过程中，加入非食品用化学物质或其他可能危害人体健康的物质的，或者生产、销售的婴幼儿奶粉营养成分不足、不符合乳品质量安全国家标准的，依照条例规定，从重处罚。

资料链接

沙门氏菌和阪崎克罗诺杆菌，是婴幼儿奶粉安全事件中较为常见的病菌。沙门氏菌容易造成发热、腹痛、腹泻等，若婴儿抵抗力较弱则容易出现危及生命的脑膜炎。阪崎克罗诺杆菌感染可能造成免疫力低下。婴儿罹患败血症或坏死性结肠炎，由坂崎肠杆菌引发疾病而导致的死亡率可达40%～50%。根据规定，婴儿配方食品和特殊医学用途婴儿配方食品中不得检出前述两种病菌。

2005年，法国发生大规模奶粉遭沙门氏菌污染事件，140余名婴幼儿受到感染。2006年，法国克朗工厂暴发问题奶粉事件，导致37名婴幼儿患病。2008年9月23日，因产品被怀疑受到沙门氏菌污染，法国婴幼儿乳品企业宝怡乐在全国范围内召回“防吐助消化”奶粉。2017年5月23日，原国家食品药品监督管理总局发布通告称，经抽检，标称湖南展辉食品有限公司生产的金装婴儿配方奶粉(1段)检出阪崎肠杆菌，该婴幼儿配方乳粉不合格。2019年6月，黑龙江省市场监督管理局发布的通告称，标称黑龙江农垦英博华威乳业有限公司生产的每嘉婴儿配方奶粉(1段)阪崎肠杆菌不合格，被依法没收违法所得19957.2元，罚款293034元。①

(六)法律责任

《管理条例》第四条和第六十二条，对监管部门不履行责任的处罚作出了规定：(1)发生乳品质量安全事故，造成严重后果或者恶劣影响的，对有关人民政府、有关部门负有领导责任的负责人依法追究责任；(2)不履行本条例规定职

① 详情参见新浪财经署名林珏瑶的文章《带“菌”奶粉疑云：婴儿染病家长怀疑奶粉，雅培称无证据》，3月12日访问，有删节。

责、造成后果的，或者滥用职权、有其他渎职行为的依据问题严重程度依法追究责任。

《管理条例》第五十四条至第六十一条规定，在生鲜乳收购、乳制品生产过程中，加入非食品用化学物质或者其他可能危害人体健康的物质；生产、销售不符合乳品质量安全国家标准的乳品；奶畜养殖者、生鲜乳收购者、乳制品生产企业和销售者在发生乳品质量安全事故后未报告、处置；乳制品生产企业和销售者未取得许可证，或者取得许可证后不按照法定条件、法定要求从事生产销售活动等情形依法进行处罚。

第三节

《三岁前小儿教养大纲(草案)》解读

1981年6月,卫生部颁发《三岁前小儿教养大纲(草案)》(以下简称《教养大纲》),这是中华人民共和国成立后首次就0—3岁婴幼儿的养育与教育工作提出具体规范。家庭养育需要科学规范的指导,家长对婴幼儿的照料与教育需要专业的知识与能力储备。目前国家颁布的有关婴幼儿照护的政策法规大多数将重点集中在托育机构的规范发展上,未能够及时关注未送托家庭对于婴幼儿养育专业指导的需求。《教养大纲》从养育原则、养育目标与内容、养育方法与过程等多个方面进行详细阐述,不仅有利于家庭了解和掌握婴幼儿年龄特点与发展规律,同时也有助于家庭根据婴幼儿的发展需求进行照护,为家庭提升育儿能力、促进婴幼儿健康成长提供专业指导与支持。

一、《教养大纲》制定的背景和意义

随着经济和社会发展,"优生优育"观念的兴起,托幼事业得到发展,当时我国托育服务仍然为集体福利形式。1979年10月发布的《全国托幼工作会议纪要》指出"加强对婴幼儿的保健和教育工作"[①],在对婴幼儿身心发展规律与特点开展深入研究的基础上,为指导托儿所为3岁以下婴幼儿提供科学与规范的保育、教育服务,促进婴幼儿健康成长,《教养大纲》得以出台。《教养大纲》的颁布为托儿所提供了参考与依据,有利于指导托儿所保教工作人员与家长将科学的育儿观念转化为教育行为。虽然《教养大纲》的颁布时间较早,但现在它对于指导家长育儿、规范托育园所工作仍有非常重要的意义。

二、《教养大纲》文本解读

《教养大纲》首先说明了托儿所工作任务,对照护人实施教养提出了具体要求。其中,《小儿神经心理发育的主要标志》总结了不同阶段婴幼儿发展特点与规律;《通过生活环节进行教育》对睡眠、饮食、穿衣盥洗、大小便等教养目标、内容与要求进行了规定;《语言的发展》《动作的发展》《认识能力的培养》《与成人和小朋友相互关系的培养》对婴幼儿各方面发展的目标、内容和要求做了规定。

(一)保教目标

《教养大纲》提出的养育任务是要培养小儿在德、智、体、美各方面得到发展,为造就体魄健壮、智力发达、品德良好的社会主义新一代打下基础。具体

① 洪秀敏,陶鑫萌.改革开放40年我国0-3岁早期教育服务的政策与实践[J].学前教育研究,2019(2):3-11.

表现为：

1. 动作方面

发展小儿的基本动作，进行适当的体格锻炼，增强儿童的抵抗力，提高婴幼儿的健康水平，促进身心正常发展。

2. 语言方面

发展小儿模仿、理解和运用语言的能力，通过语言及认识周围环境事物，使小儿智力得到发展，获得简单知识。

3. 品德方面

进行友爱、礼貌、诚实、勇敢等良好的品德教育。

4. 卫生习惯等方面

培养小儿的饮食、睡眠、衣着、盥洗、与人交往等各个方面的文明卫生习惯及美学的观念。

（二）教养原则

1. 尊重婴幼儿身心发展规律与特点的原则

婴幼儿年龄越小，其个体发展的差异性则越明显，受到婴幼儿身心发展特点的制约，应该根据其年龄特点与发展需要采用适当措施进行有针对性的教育。

2. 保育与教育相结合的原则

在每天都会发生的最基本的生活起居活动中，如换尿布、穿衣服、喂养等与婴幼儿的互动中，形成与婴幼儿良好的依恋关系，培养婴幼儿的语言、动作、感知觉等方面的能力，并帮助其形成良好的生活卫生习惯。

3. 动静结合的原则

以婴幼儿为中心的活动应动静结合、室内外结合，同时有专人负责及相互配合。婴幼儿的运动发展是其机体各系统技能系统发展的基础，婴幼儿的健康成长离不开积极的玩耍以及避免久坐行为，同时保证婴幼儿有充足的优质睡眠时间，与照料者高质量的阅读、讲故事、唱歌、拼图等互动时间。

4. 尊重与爱护的原则

婴幼儿身心娇嫩，照料者应为婴幼儿的探索提供情感上的支持，在照料与教育中不能视其为脑袋空空、任人摆布的物品，而应持续与其进行平等沟通，随时观察婴幼儿表现的需求并及时回应。照护过程中可通过轻轻地抚摸婴幼儿、提前告知照料人的行动等方式表示尊重，同时照料者之间对待、教育婴幼儿的方法应一致，以避免使婴幼儿产生困惑。

5.提供有准备的环境的原则

有准备的环境包括提供精心设计、适宜婴幼儿玩耍的玩具与空间,这样的环境能够为婴幼儿与环境提供互动的机会,刺激他们的感官,挑战他们的能力,并有利于其个性与社会性的发展。安全、舒适、宽松的心理氛围同样重要,以便鼓励婴幼儿大胆探索。

(三)小儿神经心理发育的主要标志

此部分帮助照护者了解不同发展阶段的婴幼儿在粗大动作、精细动作、语言、适应能力和社会性等方面的发展特点,掌握不同月龄婴幼儿应该知道什么、能做什么、可以达到什么发展水平。如6个月的婴儿可以对不同的声音表示不同的反应,能抓握悬挂的玩具,会翻身,从俯卧位翻向仰卧位。12个月的婴儿能够执行简单的任务,会独走数步,会用碗喝水。15个月到17个月的幼儿会认识简单图片,会说简单的词如“再见”“给我”“不要”等,会扶着栏杆上下小滑梯。2岁到2岁半的幼儿可以说明一件简单的事情,会说简单儿歌,能唱短歌,会模仿成人简单的动作,会跑,会双脚离地跳,会拣豆豆,会自己洗手、脸,认识自己的茶杯毛巾的标记,有时会自动要求坐盆,能认识红绿颜色。

(四)通过生活环节进行教育

《通过生活环节进行教育》部分将婴幼儿的一日生活分为睡眠、饮食、穿衣盥洗、大小便等四个部分,每部分进行阐述时,均包含“教养任务”与“教养内容和要求”。“教养任务”主要说明该环节保育目标。“教养内容和要求”说明为实现目标,照护人应该做什么以及怎么做。

1.睡眠

高质量且充足的睡眠有利于促进婴幼儿生长发育,为活动储备能量、消除疲劳,同时增强机体免疫力和促进智力发育。

(1)教养任务

根据生理特点,安排合理的睡眠次数,保证睡足应睡的时间。根据世界卫生组织发布的《关于5岁以下儿童身体活动、静坐行为和睡眠的指南》,0—3个月的婴儿应有14—17小时优质睡眠(包括小睡);4—11个月的婴儿应有12—16小时的优质睡眠(包括小睡);1—2岁幼儿应有11—14小时的优质睡眠(包括小睡),并有规律的睡眠和起床时间;3—4岁幼儿应有10—13小时的优质睡眠(包括小睡),并有规律的睡眠和起床时间。因此,照护人应根据不同年龄段应拥有的优质睡眠时间安排婴幼儿一日活动,保证睡眠充足。

培养良好的睡眠习惯。良好的睡眠习惯不仅能保证睡眠质量,同时有利于避免发生意外。睡眠习惯包括独立睡眠的能力、有充足的睡眠时间、固定和规律的睡眠作息、喂奶与睡眠分开、睡眠姿势正确、睡眠过程中不玩耍并保持安静等。

(2)内容和要求

《教养大纲》中睡眠的内容与要求共六条,提出根据年龄与体质,决定睡眠和起床的顺序。年龄小的体质弱的小儿先睡后起,午睡要脱衣入睡,或根据室温脱掉部分衣服;安排小儿睡眠时,环境要安静,动作要轻柔,态度要和蔼,室温适宜,空气新鲜,被褥适合季节。营造良好的睡眠环境能够为婴幼儿睡眠提供必要条件。

《教养大纲》提出,保育员要很好地分工合作,做好准备,使小儿入睡过程有良好的秩序,睡前避免过度兴奋,保持稳定的情绪。建立合理规律的睡前活动,有利于培养婴幼儿活动的秩序感,同时能够帮助婴幼儿逐渐进入睡眠状态。

《教养大纲》提出,在小儿睡眠过程中,成人要以孩子为中心,注意培养按时入睡、按时醒,睡眠有正确姿势及良好习惯。照护人应在婴幼儿睡眠过程中进行巡视,检查是否出现玩玩具等情况,及时纠正错误睡姿,避免出现趴睡、跪睡等情况,同时观察睡眠中的面色与呼吸。

2.饮食

营养均衡的膳食与良好的饮食习惯有利于婴幼儿健康成长。食物中的蛋白质、碳水化合物、脂肪、矿物质、维生素、膳食纤维可为婴幼儿的生长发育提供能量,为其身体活动提供动力,满足婴幼儿的新陈代谢。

(1)教养任务

第一,按照不同年龄照顾婴幼儿按时吃饭,保证愉快地吃完一份食物,不挑食、不玩闹,吃饱吃好。根据婴幼儿的年龄合理安排每一餐,及时添加辅食,保证餐食的营养充足与平衡,提供适宜婴幼儿饮食的量,在进餐中使得婴幼儿有兴趣、有意愿地主动进餐,以满足婴幼儿生长发育需求。

第二,培养良好的饮食习惯。逐步培养正确使用食具独立吃饭的能力。良好的饮食习惯能保证婴幼儿的安全,避免窒息等意外伤害的发生。婴幼儿独立进餐是其自主性与独立性发展的重要标志,要通过正确的示范,引导婴幼儿健康发展。

(2)内容和要求

《教养大纲》中有关饮食的内容与要求共八条,其中提出食具适合年龄特点,如碗勺及奶嘴的孔都要大小适宜,不能过大。提供的餐具应符合婴幼儿抓握、吸吮能力,若奶嘴孔太大,不需要婴幼儿吸吮便可以喝奶,则不利于其口腔发展,同时容易发生呛奶等风险。《教养大纲》提出,1岁半以后,培养左手扶碗、右手拿勺的吃饭技能，并要求小儿安静地坐在桌旁吃完自己的一份饭，不妨碍别人吃，咽下最后一口再离开饭桌。2岁时会双手捧着碗喝水，饭后自己用餐巾擦嘴。2岁半以后，已能吃得较快、干净、利索，养成吃饭时的卫生习惯。婴幼儿饮食习惯的培养是循序渐进的，要根据生理发展特点对不同年龄的婴幼儿提出具体的要求。

3. 穿衣盥洗等卫生习惯的培养

穿衣、洗脸、洗手等生活习惯的培养应尽早进行，以便为婴幼儿的一生健康发展奠定良好的基础，同时照护婴幼儿生活环节也是与其建立良好人际关系的重要途径。

（1）教养任务

培养婴幼儿爱清洁、讲卫生的良好习惯，发展相应的动作和语言。逐渐培养婴幼儿饭前便后勤洗手、勤剪指甲、会漱口与刷牙等习惯，同时在其中注意培养婴幼儿的语言倾听、理解与表达的习惯。

（2）内容和要求

《教养大纲》中有关穿衣盥洗等卫生习惯培养的内容与要求共七条，其中提出根据不同年龄和季节经常给婴幼儿洗头洗澡，水温要适宜，注意水勿进眼睛或耳朵里，理发最好由婴幼儿熟悉的人进行。婴幼儿意外事故可能在瞬间发生，因此为婴幼儿洗头、洗澡前应做好准备工作，如先放冷水，后放热水，以避免烫伤的出现。在洗澡、洗脸的过程中，照护人不能离开婴幼儿，否则容易出现溺水情况等。《教养大纲》提出用语言启发和帮助婴幼儿学会穿脱衣服，解开纽扣和鞋带等。婴幼儿照护过程要求随时与其进行语言、眼神和情感交流，不能将婴幼儿视作被摆布的物品，因此帮助婴幼儿穿脱衣物的过程也是锻炼其精细动作、倾听与理解语言的过程，把握生活各环节中适宜的时机进行教育十分必要。

4. 大小便习惯的培养

培养婴幼儿大小便的习惯有利于保持其机体的正常新陈代谢，学习自控，培养自我管理，并帮助其提高社会适应能力，为集体生活打基础。

（1）教养任务

逐步培养小儿定时坐盆和大小便时按语言要求坐盆的习惯。婴幼儿独立大小便是非常复杂的行为，它涉及婴幼儿感知与控制便意，在需要时及时使用便盆以保持衣裤干净，为此应提前培养婴幼儿对便盆的熟悉感，了解如何使用便盆、如何用语言表达便意等。

（2）内容和要求

《教养大纲》中有关大小便习惯培养的内容与要求共七条，其中提出8个月时开始学习坐盆,1岁半以前的婴幼儿一方面要在固定的时间坐盆,同时要提醒婴幼儿坐盆,1岁半以后的婴幼儿培养他们自动要求坐盆,2岁半以后学会自动坐盆。婴幼儿大小便习惯的培养须基于其生理发育特点进行,如1岁半以后的幼儿可以用语言、表情和动作表达上厕所的愿望,2岁半以后的幼儿能够根据语言指令做动作、能够自己脱裤子、能理解大小便的感觉。《教养大纲》提出会走以后不用尿布,2岁以后穿整裆裤。这是因为婴幼儿使用尿布、尿不湿、穿开裆裤的时间超过一定年龄后,容易产生许多排泄问题与泌尿系统疾病,出现尿不湿依赖症并增强婴幼儿集体生活中的挫折感等。

(五)语言的发展

语言是交流与思维的工具,可以帮助婴幼儿认识周围事物,与他人进行互动并调整个人的行为,因此《教养大纲》中总结了婴幼儿语言能力的发展特点,并对如何培养提出了具体要求。

1.《教养大纲》中语言发展的教养任务

(1)引导小儿笑出声音,从咿呀学语到掌握一定的词汇,并正确发音。

(2)发展小儿理解语言的能力,逐步懂得一些周围事物中常接触的生活知识。

(3)培养小儿利用语言和大人交往,并表达自己的要求。

2.《教养大纲》中倡导的语言教育主要观点

(1)创设丰富的语言交往环境

照护者应为婴幼儿提供良好的语言环境,给予婴幼儿语言刺激,激发婴幼儿反应,在与婴幼儿互动中培养其提问、表达观点的机会,并利用图书、儿歌等帮助其丰富语言。《教养大纲》提出,成人要经常和婴儿说话,给他唱歌,或听一些音乐,发展婴儿的听力。引婴儿微笑;成人用温柔的声音表示鼓励、用严肃的声音表示禁止,培养小儿分辨声调;给小儿讲故事、看图片、教简单儿歌,发展小儿的语言;启发小儿提出和回答问题,避免以手势来代替语言,成人要认真回答小儿的提问,同时注意培养小儿发音清楚,用词准确。

(2)在日常生活中培养婴幼儿的倾听、理解与表达能力

日常生活中蕴含着非常丰富的语言交往机会,照护人应依托生活对婴幼儿进行语言教育,帮助婴幼儿学会倾听,将词语与事物建立联系,通过动作与发音表达想法等。《教养大纲》提出,指出某一物品,或熟悉的人在哪里,训练婴儿用眼睛找或用手指出;通过日常生活所接触到的事物,引导婴儿将语言与实物或动作联系起来;充实丰富小儿生活,使他们对周围环境发生兴趣,引导鼓励他们能简单地说出周围成人的称呼,人体某部位的名称,日常生活中常见物品的名

称，认识托儿所，知道两三种常见交通工具的名称，知道两种常见水果、蔬菜，常见动物的名称等。

（3）提供示范与模仿语言表达的机会

听是说的前提，婴幼儿的语言表达在模仿中进行，只有照护人为婴幼儿提供标准的语言表达示范，才能够引导其学会正确的沟通。《教养大纲》提出，培养儿童模仿成人的发音，从发单音到随成人重复一些音节，如“爸爸”“妈妈”等；成人讲话时语言要正确，尽量使用普通话，教育儿童要富有感情，有表现能力的语言，并用语言进行常识教育。

（六）动作的发展

婴幼儿的动作发展包括躯体和四肢的动作发展，受到骨骼、肌肉、神经系统支配作用的制约，婴幼儿的动作发展呈现出由近至远、由粗到细、由无意到有意、由泛化到集中等特点。动作发展不仅对婴幼儿身体健康有影响，同时也影响到智力发展。

1.《教养大纲》中动作发展的教养任务

（1）发展基本动作如抬头、翻身、爬、坐、站、走、跑、跳、攀登等和精细动作，在此基础上逐步使动作灵敏、协调、姿势正确。

（2）通过动作发展，培养婴幼儿的独立生活能力。

（3）通过动作发展锻炼婴幼儿身体增强活动能力，促进身体正常发育，增进健康。

（4）培养婴幼儿活泼、勇敢、坚毅、团结友爱、遵守纪律等优良品质。

2.《教养大纲》中倡导的动作教育主要观点

（1）创设适宜的环境与材料

3岁前婴幼儿处于基本运动阶段，包括爬、站、走、跑、跳等，掌握这些动作对于婴幼儿参与游戏和活动，适应未来生活尤为重要。基本运动能力的锻炼须在安全适宜的环境中，在与材料互动中进行，因此《教养大纲》提出，为小儿安排练习走的场所和设备；利用玩具、教具发展精细动作，如穿串珠、搭积木；利用玩教具以及通过运动、游戏、作业，培养精细动作和技能技巧，如画画、折纸、捏泥等。

（2）设计有目的的活动与游戏

婴幼儿的动作发展有一个从成人辅助到自发模仿与练习的过程，在婴幼儿机体成熟的基础上，通过设计有目的的活动与游戏，帮助婴幼儿获得和加强基本动作能力。《教养大纲》提出，在成人带领下，做简单的模仿操及简单的游戏；通过活动性游戏和自由活动及短时间的体育作业，发展婴幼儿基本动作，并让婴幼儿能自己随意地跑、跳、游戏和玩运动器械，每日坚持做操。

(七)认识能力的培养

认识包括感官觉识、空间觉识、记忆力、问题解决、模仿和象征等多方面能力，是婴幼儿认识与思考世界、发展智力的基础。《教养大纲》总结了不同阶段婴幼儿的认识能力发展的表现，同时指出了具体的教育内容与要求。

1.《教养大纲》中认识能力发展的教养任务

在发展视觉、听觉、触觉等感觉的基础上，逐步发展注意、记忆、观察、思维等认识和适应环境的能力。

2.《教养大纲》中倡导的认识教育主要观点

(1)提供丰富与有准备的环境

婴幼儿的认识发展在很大程度上取决于外部刺激。婴幼儿通过眼睛、耳朵等多种感官接收信息，通过中枢神经将接收到的信息转变为各种知觉后，再通过中枢神经系统进行整合成为感知，感知能力的发展是认识能力发展的基础。为婴幼儿提供丰富、有准备的材料，鼓励婴幼儿与环境互动，有助于其获得丰富的外界刺激。因此，《教养大纲》提出创造多种发展观察力的条件，使婴幼儿醒时能看到成人和周围的物体；创造条件，为婴幼儿组织各种丰富多彩的游戏和活动，充分利用玩教具发展婴幼儿的认识能力，增长婴幼儿的知识。

(2)设计有目的的活动与游戏

设计并实施有目的、有计划的活动与游戏，有利于帮助婴幼儿在操作、摆弄、探究、尝试中获得各种感官信息，同时伴随照护人的语言将感觉器官收集到的信息表达出来，将各种感官印象联系起来，从而发展认识能力。《教养大纲》指出，通过直观教育，使婴幼儿反复看、触、嗅到具体的实物，逐步巩固和加深对周围事物的印象；通过游戏、作业发展婴幼儿的认识能力.逐步区别红、绿、黄、蓝、黑、白等颜色，认识方形、三角形，圆形、能从不同距离观察辨别物体的大小，有上、下、前、后、白天、晚上等时间和空间概念，会对物数1—5。

(八)社会性能力的培养

社会性能力包括信任与情感安全、自我觉识、自控能力、与同伴和成人的关系、共情能力等多方面。具备良好的社会性能力，有利于婴幼儿的人际交往，帮助其适应未来社会。

1.《教养大纲》中社会性能力发展的教养任务

(1)培养良好的情绪。

(2)培养婴幼儿与成人间眷恋亲昵的感情，同时要培养对成人尊重、有礼貌。

(3)培养婴幼儿互助友爱的精神。

2.《教养大纲》中倡导的社会性教育主要观点

（1）正面教育

引导和管教是向婴幼儿传授社会技能的重要手段，在尊重与肯定的前提下对婴幼儿提出具体且积极的要求，通过照护人的榜样作用传递正确处理情绪情感、人际关系的方式，对于婴幼儿社会性发展非常重要。因此，《教养大纲》提出，成人要积极组织并参加到游戏中去，引起婴幼儿兴趣，并建立良好的关系；成人要对婴幼儿进行正确教育，各方面做婴幼儿榜样。不要斥责恐吓婴幼儿。

（2）与婴幼儿建立尊重、信任的关系

婴幼儿与照护人之间的关系是其出生后与他人建立的第一份人际关系。婴幼儿体验、感受过尊重与信任，才有可能在未来生活中形成积极的社会品质。而照护者与婴幼儿的亲密关系不会无端出现，是在日常生活的一点一滴中建立起来的。因此，《教养大纲》提出，成人要经常用和蔼的态度，轻柔的动作，多接近和逗引婴幼儿，培养婴幼儿良好的情绪；成人要与婴幼儿多接近，在组织他们游戏时要关心爱护他们，当有困难时帮助他们克服并安慰他们。

第四节
《中华人民共和国家庭教育促进法》解读

改革开放以来，国家从政策层面关注家庭教育。1981年，《关于两个会议情况及1981年妇联工作要点的报告》中提出帮助家长加强和改进对子女的教育，关心和培养从事儿童和少年工作的人员。1982年，《中华人民共和国宪法》规定父母有抚养教育未成年子女的义务。1991年，《中华人民共和国未成年人保护法》规定父母或者其他监护人应当以健康的思想、品行和适当的方法教育未成年人，引导未成年人进行有益身心健康的活动。1992年，《九十年代中国儿童发展规划纲要》提出在城市以社区为依托，举办新婚夫妇学校、孕妇学校和婴幼儿、小学生、中学生的家长学校，向不同年龄阶段儿童的家长提供较全面的家庭教育知识和方法。1996年，《全国家庭教育工作"九五"计划》提出加强家庭教育的法规建设；办好各种类型的家长学校。1997年，《家长教育行为规范》对家长教育观念、教育态度、教育方法等方面提出了具体要求。2001年，《中国儿童发展纲要（2001—2010年）》提出发展0—3岁儿童早期教育，提高家庭教育水平。2002年，《全国家庭教育工作"十五"计划》提出家庭教育指导对象主要为0—18岁儿童的家长，进一步关注对特殊儿童、特殊家庭和流动人口子女的家庭教育，大力推广0—3岁儿童家庭教育工作指导的经验。2007年，《全国家庭教育工作"十一五"规划》提出进一步完善家庭教育工作长效机制，推动构建学校、家庭、社会三结合的教育网络。

家庭是人生的第一个课堂，父母是孩子的第一任老师。家庭是社会的基本细胞，家庭教育具有基础性、选择性、灵活性、针对性与终身性等特点。脑科学研究证明，人生的头1000天对于个体的发展起到奠基作用。父母作为教育的第一主体，不仅对婴幼儿的健康成长起重要作用，同时对于家庭的稳定和谐、安宁祥和，对国家未来人力资源积累与发展起着不可替代的作用。2021年10月，《中华人民共和国家庭教育促进法》正式颁布，这标志着将家庭教育纳入法治轨道，明确规定了家庭教育各主体的权利与义务，为家庭教育赋能、促进人口可持续发展。

一、《中华人民共和国家庭教育促进法》制定的背景和意义

（一）背景

2010年，《全国家庭教育指导纲要》对婴幼儿身心发展特点与家庭教育指导内容要点做了具体阐述。2010年，《国家中长期教育改革和发展规划纲要

（2010—2020年）》提出制定家庭教育法，家庭教育立法进入政策议程。为促进家庭教育的发展，十三届全国人大常委会将家庭教育法列入五年立法规划，2021年1月提请十三届全国人大常委会第二十五次会议审议《中华人民共和国家庭教育法（草案）》，这标志着家庭教育法正式进入立法审议程序。2021年8月，十三届全国人大常委会第三十次会议审议了家庭教育法草案二审稿，在此意见上形成了《中华人民共和国家庭教育促进法（草案二次审议稿）》，法律名称由“家庭教育法”修改为“家庭教育促进法”。2021年10月，十三届全国人大常委会第三十一次会议表决通过了《中华人民共和国家庭教育促进法》，并确定于2022年1月1日起实施。

（二）意义

1. 健全教育法律体系

家庭教育、学校教育、社会教育是教育体系的重要组成部分，三者有机结合，为个体的发展提供支持与引导，任何一者的偏废与缺失都可能对个体的成长产生消极影响。目前，我国学校教育立法相对完善，包括《中华人民共和国教育法》《中华人民共和国教师法》《中华人民共和国义务教育法》《中华人民共和国高等教育法》《中华人民共和国职业教育法》《中华人民共和国民办教育法》等，已经逐渐将我国学校教育体系纳入了法治化轨道。自古以来，我国有家庭教育的优良传统，家庭教育在个体的发展中起着关键作用，监护人的养育知识、态度、能力影响着个体的成人与成才，影响着社会发展与稳定。家庭教育立法，有利于为家庭教育的功能与属性、监护人的权利与义务、家庭教育的管理机制与保障制度等多方面提供法律依据，为未成年人健康发展提供有力保障，使得家庭教育的法律地位得到确认，同时也进一步完善了教育法律体系。

2. 建立家庭教育的社会支持系统

随着国家经济发展与社会转型，家庭核心化凸显，而家庭教育功能式微。家长的教育理念与方式方法有待提升，重智育轻德育，只养不教、教而不当，教育功利化特征依然存在。家庭教育发展表现出区域间、城乡间不平衡。调查显示，我国婴幼儿科学喂养知识宣传普及不足，婴幼儿纯母乳喂养率较低；有69.7%的家庭显示出亲子关系紧张与不足；67%的家长认为只要孩子学习好，其他都不是问题；除作业外，68%的小学生仍需要完成家长布置的额外学习任务；91%的家长了解孩子学习情况的主要方式是看考试成绩。[①]父母对4—18岁的儿童学业期待高，但提供学业指导、沟通学习问题的频率均越来越低；遇到最大

① 孙海华．陕西：76.3%家长迫切希望提高家庭教育能力[N]．中国青年报，2019-12-25(1).

的问题是"凭感觉教育孩子，缺乏有效方法"。近年来，未成年人心理问题凸显。2020年，我国青少年的抑郁检出率为24.6%，其中轻度抑郁为17.2%，重度抑郁为7.4%。①

上述现象，不仅反映出家长育儿能力与育儿素质低，同时也体现出家庭教育支持体系不健全、服务不到位的问题。家庭教育立法对家庭教育的目标、内容、方式方法进行了原则性规定，对家庭教育行为进行规范与引导，对弱势家庭予以关注，同时明确了家庭、政府、学校等不同主体的责任边界，对家庭教育的管理机构、运行机制、服务人员、组织体系等方面做出规定，以便于将资源进行有效分配，最终促进家庭教育质量提升，形成家庭教育发展的支持系统。

二、《中华人民共和国家庭教育促进法》文本解读

《中华人民共和国家庭教育促进法》(以下简称"家庭教育促进法")共六章，五十五条。其中，《总则》说明了家庭教育促进法制定的目的，明确了家庭教育的含义、目的、要求、各主体的责任等。《家庭责任》指出家庭教育内容、方法，监护人学习家庭教育知识与能力的途径等。《国家支持》指出各级各类部门的具体责任、家庭教育指导机构的责任等。《社会协同》指出中小学、幼儿园、图书馆、博物馆、儿童活动中心等在家庭教育方面的责任。《法律责任》指出监护人、政府相关部门与机构、家庭教育服务机构等在未履行相应职责时应承担的法律责任。

(一)家庭教育促进法的立法宗旨

家庭教育促进法第一条规定，其立法宗旨包括两方面：发扬中华民族重视家庭教育的优良传统，引导全社会注重家庭、家教、家风，增进家庭幸福与社会和谐；培养德智体美劳全面发展的社会主义建设者和接班人。这两个宗旨是立法最终应达到的目标，两者相互联系，密不可分。习近平总书记多次指出，不论时代发生多大变化，不论生活格局发生多大变化，我们都要重视家庭建设，注重家庭、注重家教、注重家风。制定家庭教育促进法对于促进未成年人全面健康成长，引导家庭形成良好温馨氛围，培养中华民族未来主人具有重要意义。

(二)家庭教育的含义、目的、主体与要求

家庭教育促进法第二条指出，家庭教育是指父母或者其他监护人为促进未成年人全面健康成长，对其实施的道德品质、身体素质、生活技能、文化修养、行为习惯等方面的培育、引导和影响。家庭教育采用狭义主张，将家庭教育的主体限定于针对未成年人的家庭教育活动，重点在于补足未成年人的能力、实现其社会化和形成健全人格的教育活动，重点是"立人""立身"的品德情操和基本

① 傅小兰，张侃．中国国民心理健康发展报告(2019-2020)[M]．北京：社会科学文献出版社，2021：143-188.

生存能力的教育。[①]相较于成年人而言，未成年人身心尚处在发展过程中，其成长仍需要依靠家庭，其各项权利易受到侵害且难以维护自身合法利益，因此围绕狭义家庭教育内涵进行立法，更利于集中一切资源，紧紧围绕未成年人的发展展开工作，协调各方利益以使多主体间的合作成为可能。

家庭教育促进法第三条指出，家庭教育以立德树人为根本任务，培育和践行社会主义核心价值观，弘扬中华民族优秀传统文化、革命文化、社会主义先进文化，促进未成年人健康成长。万事从做人开始，拥有良好的德性是人之为人的根本，未成年人正处于形成正确的世界观、价值观、人生观的关键时刻，要通过家庭良好的家风、和谐氛围与言传身教，在耳濡目染中帮助未成年人塑造纯真完美的心灵、拥有良好的行为习惯。

家庭教育促进法第四条指出，未成年人的父母或者其他监护人负责实施家庭教育。国家和社会为家庭教育提供指导、支持和服务。各级政府、教育行政部门、妇女联合会、县级以上公安、民政、司法行政、人力资源和社会保障、文化和旅游、卫生健康、市场监督管理、广播电视、体育、新闻出版、网信等有关部门，在各自的职责范围内做好家庭教育工作。

家庭教育的要求包括：

1.尊重未成年人身心发展规律和个体差异

受到身心发展规律的制约，未成年人是正在发展的人，是尚未发展完全的人，教育者应根据他们自身能力与特点因材施教，体现出教育方式方法的差异性。

2.尊重未成年人人格尊严，保障未成年人合法权益

未成年人虽然在各方面发展尚不成熟，但作为独立的个体应当获得尊重与平等的对待，与未成年人相关的所有事项上应听取其意见与想法，保护未成年人的隐私与信息，保障未成年人的生存权、发展权、受教育权等权利。

3.遵循家庭教育特点，贯彻科学的家庭教育理念和方法

与学校教育不同，家庭教育具有针对性、贯穿性、选择性等特点，监护人应根据未成年的个性特点，利用生活各个环节进行随机性教育，同时通过正确的言行举止、教育理念与方法，与未成年人进行平等互动。

4.家庭教育、学校教育、社会教育紧密结合、协调一致

家庭教育、学校教育、社会教育作为教育体系的有机组成部分，对个体发展起到重要作用，三者之间应建立相互沟通与协调机制，不能单独依靠某一方面有所偏废。

---

① 林建军．家庭教育法的调整对象及其逻辑起点[J]．河北法学，2021(5)：96-106．

5. 结合实际情况采取灵活多样的措施

监护人可以在日常生活时间、重要节假日等，采用面对面沟通、以身示范、家庭会议等多种形式，通过读书、游戏、指导作业、运动、劳动等机会与未成年人进行平等交流，以创设和谐友爱的家庭氛围，建立亲密的亲子关系。

（三）家庭责任、内容与方式

1. 父母及其监护人是家庭教育的第一实施主体

家庭教育权是基于婚姻关系产生的、文明社会确认的第一种普遍存在的教育权。[①]血缘关系决定了父母或其他监护人对未成年人具有抚养、保护、教育的天然权利和义务，不能将上述权利与义务转嫁给学校、社会及国家。父母及其他家庭成员对未成年子女的教育包括引导其日常行为符合社会道德与法律规范，树立正确的人生观、世界观和价值观，形成良好的生活与品行习惯。家长或其监护人应当保护婴幼儿的休息权，合理安排婴幼儿的睡眠、游戏、盥洗、运动等一日生活各个环节，在尊重婴幼儿身心发展特点与规律的基础上，提供丰富的环境与材料，避免盲目攀比、跟风抢跑、过度焦虑，为婴幼儿安排过多不适宜的学习负担，挤占婴幼儿的休息时间，避免过早开始久坐不动的屏幕时间。

家庭教育虽具有私权利的性质，家长可以根据自身意愿及其条件、资源、理念对子女进行教育，但不能侵犯未成年人应有权利。婴幼儿的自主能力与意识较弱，家长不能随意伤害其身心健康，不能因性别、身体状况、智力等发生歧视行为，不得实施家庭暴力，不得胁迫、引诱、教唆、纵容、利用婴幼儿从事违反法律法规和社会公德的活动。未成年人的父母分居或者离异的，应当相互配合履行家庭教育责任，任何一方不得拒绝或者怠于履行。

2. 家庭教育的内容

家庭教育内容的根本方面是立德树人，教育重点与目标是成人，家庭教育促进法对教育内容进行了如下规定：

（1）教育未成年人爱党、爱国、爱人民、爱集体、爱社会主义，树立维护国家统一的观念，铸牢中华民族共同体意识，培养家国情怀；

（2）教育未成年人崇德向善、尊老爱幼、热爱家庭、勤俭节约、团结互助、诚信友爱、遵纪守法，培养其良好社会公德、家庭美德、个人品德意识和法治意识；

（3）帮助未成年人树立正确的成才观，引导其培养广泛兴趣爱好、健康审美追求和良好学习习惯，增强科学探索精神、创新意识和能力；

（4）保证未成年人营养均衡、科学运动、睡眠充足、身心愉悦，引导其养成良好生活习惯和行为习惯，促进其身心健康发展；

① 秦惠民. 走入教育法制的深处——论教育权的演变[M]. 北京：中国人民公安大学出版社，1998:4.

(5)关注未成年人心理健康,教导其珍爱生命,对其进行交通出行、健康上网和防欺凌、防溺水、防诈骗、防拐卖、防性侵等方面的安全知识教育,帮助其掌握安全知识和技能,增强其自我保护的意识和能力;

(6)帮助未成年人树立正确的劳动观念,参加力所能及的劳动,提高生活自理能力和独立生活能力,养成吃苦耐劳的优秀品格和热爱劳动的良好习惯。

3.家庭教育的方式方法

(1)亲自养育,加强亲子陪伴

受婴幼儿身心发展规律的制约,父母与子女教育只能在日常活动中进行,哺乳、盥洗、换尿布、游戏、阅读等多项活动均是亲子交流的机会,婴幼儿发出养育需求,家长及时回应有利于建立良好的依恋关系。只有家长亲自养育,进行高质量的陪伴,为其提供优质的婴幼儿早期照料经验才能帮助婴幼儿建立安全感与信任感,形成自主性与主动性,使其终身受益。

(2)共同参与,发挥父母双方的作用

现代家庭结构转变、母亲就业机会增加、男女平等理念强化,使得父母双方均是养育照料者角色的认识深入人心。夫妻双方共同承担育儿责任,平等参与、发挥所长、合理分工、积极配合才能够建立良好和谐的家庭氛围,为婴幼儿提供丰富的照护资源与机会。

(3)相机而教,寓教于日常生活之中

受婴幼儿的认知能力约束,说教的效果远不如在平时生活中随时随地抓住遇到的事进行教育的效果好。家长要抓住教育的契机,在日常生活中对婴幼儿进行营养、生活习惯、礼仪、安全等多方面的教育。

(4)潜移默化,言传与身教相结合

一个人会像海绵一样吸收3岁前经历的事情,儿童在成长过程中会受到周围环境潜移默化的影响。[①]家长的言传身教是和风细雨式的慢慢浸润,是在一言一行中、一举一动中完成对婴幼儿的教化,家长的以身作则可以教会婴幼儿如何应对困难、处理消极情绪、如何与周围事物及人和谐相处,通过树立榜样的方式帮助婴幼儿形成良好的品格与习惯。

(5)严慈相济,关心爱护与严格要求并重

严为良师,在涉及婴幼儿安全、做人等方面应该严格要求,保护婴幼儿人身安全、避免受到意外事故的侵害,同时通过正确适当的方法学习如何待人接物,形成良好的品性。慈为益友,关心爱护婴幼儿能够帮助其建立安全感和信任感,有利于心理健康。严慈相济、共同作用才能帮助婴幼儿全面成长。

---

① (德)卡尔·H.G.威特.卡尔·威特的天才教育[M].张兵,译.北京:朝华出版社,2008:3.

(6)尊重差异,根据年龄和个性特点进行科学引导

受到遗传、环境、教育等多方面的影响,婴幼儿发展速度与水平不一,具有不同个性特点与爱好。家长应遵循婴幼儿身心发展规律,根据婴幼儿自身情况开展教育,通过游戏等适宜方式进行科学引导,帮助婴幼儿成为其自己。

(7)平等交流,予以尊重、理解和鼓励

家长在与婴幼儿活动中应时刻体现出平等与尊重,为婴幼儿提供适宜的早期学习机会,了解婴幼儿独特的沟通方式并随时给予回应,关注婴幼儿表现出的兴趣并创设适宜的环境,不将婴幼儿视作什么都不懂的人,与婴幼儿建立和谐亲子关系,鼓励其大胆探索周围世界。

(8)相互促进,父母与子女共同成长

陪伴婴幼儿成长的过程也是父母重新见证童年的过程,将婴幼儿视作有想法、有能力的个体,从婴幼儿身上学习闪光点,不断吸取有益的育儿理念、知识与方法,与时俱进,持续成长。

(9)其他有益于未成年人全面发展、健康成长的方式方法

家长可以通过读书、参加学习小组、在线网络学习等方式学习育儿的理论知识与实践经验。

4.家长或其他监护人学习家庭教育的途径

未成年人的父母或者其他监护人在孕期和未成年人进入婴幼儿照护服务机构、幼儿园、中小学校等重要时段,应进行有针对性的自觉学习与接受指导,掌握科学的家庭教育方法,积极参与学校教育,保持与教师的频繁沟通,重视子女的表现,不断提高家庭教育的能力。同时,积极参加公益性家庭教育指导和实践活动,确保子女从家长参与中受益。

(四)各级政府部门、家庭教育指导机构的责任

国家在家庭教育实施上的作用表现在促进而非替代父母,国家干预家庭教育以公共利益为界。家庭教育具有培养国家未来建设者和接班人的特点,影响社会发展。未成年人作为受教育权、发展权、受保护权的权利主体理应得到国家的保障,因此国家在充分尊重家庭自主性的基础上,通过建立外部制度实现资源的优化配置,为家庭教育提供支持和帮助。

1.各级政府对家庭负有积极的引导职责

家庭教育促进法第二十四条至第二十八条指出,国务院应当组织有关部门制定、修订并及时颁布全国家庭教育指导大纲;省级人民政府或者有条件的设区的市级人民政府负责组织有关部门编写或者采用适合当地实际的家庭教育指导读本,制定相应的家庭教育指导服务工作规范和评估规范;省级以上人民

政府负责组织有关部门统筹建设家庭教育信息化共享服务平台，开设公益性网上家长学校和网络课程，开通服务热线，提供线上家庭教育指导服务；县级以上地方人民政府负责加强监督管理，减轻义务教育阶段学生作业负担和校外培训负担，畅通学校家庭沟通渠道，推进学校教育和家庭教育相互配合，组织建立家庭教育指导服务专业队伍，加强对专业人员的培养，鼓励社会工作者、志愿者参与家庭教育指导服务工作，结合当地实际情况和需要，通过多种途径和方式确定家庭教育指导机构，采取政府补贴、奖励激励、购买服务等扶持措施，培育家庭教育服务机构。

2.各政府部门相互配合以构建家庭教育服务体系

家庭教育促进法第三十条至第三十七条指出，设区的市、县、乡级人民政府应当结合当地实际采取措施，对留守未成年人和困境未成年人家庭建档立卡，提供生活帮扶、创业就业支持等关爱服务，为留守未成年人和困境未成年人的父母或者其他监护人实施家庭教育创造条件。处境不利家庭教育状况关乎全社会的稳定和谐，家庭受国家保护的原则要求国家对特殊家庭提供帮扶，如果立法者和法官运用他们的特权和权力改善了较不利者的状况，他们也就普遍改善了所有公民的状况。[①]

教育行政部门、妇女联合会应当采取有针对性的措施，为留守未成年人和困境未成年人的父母或者其他监护人实施家庭教育提供服务，引导其积极关注未成年人身心健康状况、加强亲情关爱。婚姻登记机构和收养登记机构应当通过现场咨询辅导、播放宣传教育片等形式，向办理婚姻登记、收养登记的当事人宣传家庭教育知识，提供家庭教育指导。儿童福利机构、未成年人救助保护机构应当对本机构安排的寄养家庭、接受救助保护的未成年人的父母或者其他监护人提供家庭教育指导。

人民法院在审理离婚案件时，应当对有未成年子女的夫妻双方提供家庭教育指导。妇女联合会发挥妇女在弘扬中华民族家庭美德、树立良好家风等方面的独特作用，宣传普及家庭教育知识，通过家庭教育指导机构、社区家长学校、文明家庭建设等多种渠道组织开展家庭教育实践活动，提供家庭教育指导服务。教育、民政、卫生健康、市场监督管理等有关部门应当在各自职责范围内，依法对家庭教育服务机构及从业人员进行指导和监督。国家机关、企业事业单位、群团组织、社会组织应当将家风建设纳入单位文化建设，支持职工参加相关的家庭教育服务活动。文明城市、文明村镇、文明单位、文明社区、文明校园和文明家庭等创建活动，应当将家庭教育情况作为重要内容。

---

① (美)约翰·罗尔斯．正义论[M]．何怀宏，何包钢，廖申白，译．北京：中国社会科学出版社，1988：83.

3.家庭教育指导机构提供规范化与有针对性的服务

家庭教育促进法第二十八条、第二十九条指出：家庭教育指导机构对辖区内社区家长学校、学校家长学校及其他家庭教育指导服务站点进行指导，同时开展家庭教育研究、服务人员队伍建设和培训、公共服务产品研发；家庭教育指导机构应当及时向有需求的家庭提供服务；对于父母或者其他监护人履行家庭教育责任存在一定困难的家庭，家庭教育指导机构应当根据具体情况，与相关部门协作配合，提供有针对性的服务。家庭教育指导机构依法合规开展活动，为家庭提供专业化、规范化、科学化、公益性、有质量的服务。

（四）社会协同以提升家庭教育能力

随着物质生活的日益改善、家庭结构的松散、家庭教育功能的式微，良好家风传承逐渐被忽视与消解。家风建设与家庭教育能力高度相关，缺失家庭教育能力的父母无法在家庭内部形成良好的氛围，也就无法通过言传身教的方式教育子女。家长的家庭教育能力可以通过学习得以提升，而社区、学校、妇幼保健院、图书馆等社会力量拥有场地、师资等资源优势，是通过家校共育、社会协同进行家庭能力建设的重要手段。

1.居民委员会、村民委员会及学校设立家长学校提供家庭教育指导服务

家长学校是宣传普及家庭教育知识，教育和引导家长更新家庭教育理念，提升家长素质的重要场所，是指导推进家庭教育的主要载体和渠道。①家庭教育促进法第三十八条、第四十条、第四十一条、第四十二条、第四十三条指出，居民委员会、村民委员会可以设立社区家长学校，中小学、幼儿园应建立家长学校并将家庭教育指导服务纳入工作计划，面向不同年龄段家长开展教育，普及宣传教育知识、组织公益性实践活动，并随时根据未成年学生及其监护人特殊情况开展有针对性的指导服务。

2.婴幼儿照护服务机构、早期教育机构开展家庭教育指导服务

家庭教育促进法第四十四条指出，婴幼儿照护服务机构、早期教育服务机构应当为未成年人的父母或者其他监护人提供科学养育指导等家庭教育指导服务。人的社会化进程始于家庭，家长对婴幼儿照护负有主体责任，当前“养育太费心”成为家长育儿的主要困难之一。婴幼儿照护服务机构、早期教育机构应利用场地、师资、课程等优势，通过入户指导、亲子活动、家长课堂等方式为所在社区内的婴幼儿早期发展进行指导，分享营养与喂养、日常生活照料、疾病与意外事故预防、婴幼儿早期发展与促进等方面的内容，以增强家庭的科学育儿能力。

---

① 吕慧，缪建东．改革开放以来我国家庭教育的法制化进程[J]．南京师大学报（社会科学版），2015(2)：80-88.

案例

社区引进专业托育机构　解决辖区家庭育儿难问题[1]

2021年，拉萨市城关区俄杰塘社区新时代文明实践站引入某社会组织机构，该机构的托育中心以“早教+家庭教育”方式指导家庭育儿，为其提供集中托育、育儿指导大讲堂、养护培训、能力素质拓展训练等服务。该机构不仅为家庭提供普惠性全日托服务以解决居民托育责问题，同时利用节假日、周末等时间组织家庭及其婴幼儿参观科技馆、博物馆等场所，以丰富亲子互动机会、解决家庭育儿难问题。

3.社会公共机构开展家庭教育指导服务

家庭教育涉及“为国育才”，社会公共机构理应助力家庭教育的实施，承担起协同育人的重要使命。[2]家庭教育促进法第四十四条、第四十六条要求医疗保健机构、图书馆、博物馆、文化馆、纪念馆、美术馆、科技馆、体育场馆、青少年宫、儿童活动中心等公共文化服务机构和爱国主义教育基地，广播、电视、报刊、互联网等新闻媒体应开展公益性的科学喂养、婴幼儿早期发展、家庭教育理念与方法的宣传与实践活动。

（五）法律责任

家庭教育促进法的制定是为保障未成年人的合法权益，在实际家庭教育活动中产生法律效应，履行各主体的法律责任，使得各主体依法规范自身行为。

1. 父母或者其他监护人拒绝、怠于履行、不正确实施家庭教育责任

家庭教育促进法第四十八条规定，未成年人住所地的居民委员会、村民委员会、妇女联合会，未成年人的父母或者其他监护人所在单位，以及中小学校、幼儿园等有关密切接触未成年人的单位，发现父母或者其他监护人拒绝、怠于履行家庭教育责任，或者非法阻碍其他监护人实施家庭教育的，应当予以批评教育、劝诫制止，必要时督促其接受家庭教育指导。未成年人的父母或者其他监护人依法委托他人代为照护未成年人，有关单位发现被委托人不依法履行家庭教育责任的，适用前款规定。第五十三条规定，未成年人的父母或者其他监护人在家庭教育过程中对未成年人实施家庭暴力的，依照《中华人民共和国未成年人保护法》《中华人民共和国反家庭暴力法》等法律的规定追究法律责任。

2.未成年人存在严重不良行为或者实施犯罪行为

家庭教育促进法第四十九条规定，公安机关、人民检察院、人民法院在办理

---

① 详情参见新浪新闻署名拉吉的文章《俄杰塘社区引进专业幼儿托育机构 解决辖区家庭托幼难问题》。2022年1月13日访问。有删节。

② 祁占勇，王书琴. 家庭教育立法：逻辑起点、基本宗旨与核心内容[J]. 教育学报，2021(6)：70-79.

案件过程中，发现未成年人存在严重不良行为或者实施犯罪行为，或者未成年人的父母或者其他监护人不正确实施家庭教育，侵害未成年人合法权益的，根据情况对父母或者其他监护人予以训诫，并可以责令其接受家庭教育指导。

3.政府部门及机构的法律责任认定及处理办法

家庭教育促进法第五十条规定，负有家庭教育工作职责的政府部门、机构有下列情形之一的，由其上级机关或者主管单位责令限期改正；情节严重的，对直接负责的主管人员和其他直接责任人员依法予以处分：(1)不履行家庭教育工作职责；(2)截留、挤占、挪用或者虚报、冒领家庭教育工作经费；(3)其他滥用职权、玩忽职守或者徇私舞弊的情形。第五十一条规定，家庭教育指导机构、中小学校、幼儿园、婴幼儿照护服务机构、早期教育服务机构违反本法规定，不履行或者不正确履行家庭教育指导服务职责的，由主管部门责令限期改正；情节严重的，对直接负责的主管人员和其他直接责任人员依法予以处分。

4.家庭教育服务机构的法律责任认定及处理办法

家庭教育促进法第五十二条规定，家庭教育服务机构有下列情形之一的，由主管部门责令限期改正；拒不改正或者情节严重的，由主管部门责令停业整顿、吊销营业执照或者撤销登记：(1)未依法办理设立手续；(2)从事超出许可业务范围的行为或作虚假、引人误解宣传，产生不良后果；(3)侵犯未成年人及其父母或者其他监护人合法权益。

本章小结

婴幼儿的健康发展关系到社会进步与稳定和谐。孕产期保健有利于及早筛选高危孕妇，及早对孕产妇及其子女提供健康服务。医疗保健机构应为家庭提供婴幼儿喂养与营养、体格发育、新生儿护理、常见疾病与传染病预防等服务。食品安全关系到国家人民的生命健康与生活幸福，确保乳品质量安全、强化乳品安全监管力度是保障婴幼儿健康成长的必要条件。《乳品质量安全监督管理条例》为奶畜养殖、生鲜乳收购、乳制品生产与销售整个过程的质量安全监管及危害婴幼儿健康行为的处罚等提供了法律依据。

《国务院办公厅关于促进3岁以下婴幼儿照护服务发展的指导意见》指出婴幼儿照护应以“家庭为主，托育补充”，家庭对婴幼儿养育负有第一责任与义务。父母与婴幼儿的血缘关系决定了家庭是婴幼儿出生后最先接触的外部环境，对于婴幼儿的健康发展起着至关重要的作用，因此家长具备科学的养育照护知识与能力是未来成就高素质人力资本的关键。《三岁前小儿教养大纲(草案)》是中华人民共和国成立后首次就0—3岁婴幼儿的养育与教育工作提出具体规范，从养育原则、养育目标与内容、养育方法与过程等多个方面指导与支持家庭育儿。父母及其他监护人是家庭教育的第一实施主体，国家干预家庭教育以公共利益为界。居民委员会、村民委员会及学校设立家长学校家庭教育指导服务，婴幼儿照护服务机构、早期教育机构应开展家庭教育指导服务，社会公共机构应为提升家庭教育能力提供服务。

推荐阅读

1. 张思莱，等. 张思莱科学育儿全典：图解珍藏版[M]. 北京：中国妇女出版社，2020.

推荐理由：从日常养护、科学喂养、急诊急救、疫苗接种、疾病防治、早期教育等多方面分享婴幼儿照护知识，内容全面且易懂易学。

2. 国家卫生健康委员会妇幼健康司，联合国儿童基金会驻华办事处. 婴幼儿喂养咨询[M]. 北京：人民卫生出版社，2021.

推荐理由：本书为基层卫生人员提供婴幼儿喂养基本知识和咨询技能，配套相关资料和PPT课件，可为托育机构工作人员进行家长养育服务提供参考。

3. 中国教育学会. 家庭教育促进法与家教社协同育人系列讲座

推荐理由：系列讲座围绕家庭教育促进法分享了“家庭教育促进法要点解读”等内容，可帮助读者领会该法精神、掌握相关落实措施等。

第五章

托育机构的建筑设计、设置与管理

学习目标

1. 熟悉《托儿所、幼儿园建筑设计规范》(2019年版)、《托育机构登记和备案办法(试行)》及《托育机构管理规范(试行)》等文件的内容。

2. 掌握托育机构建设的要求、原则与项目构成。

3. 理解托育机构建设中存在的问题与对策。

4. 熟悉托育机构的运行与管理。

学习重点

1. 理解托育机构建设中存在的问题与对策。

2. 熟悉托育机构的运行与管理。

学习难点

熟悉托育机构的运行与管理。

第一节 《托儿所、幼儿园建筑设计规范》(2019年版)解读

托育机构的环境是婴幼儿照护服务体系中的重要一环,为保证婴幼儿的健康发展,需要确保托育机构的建筑质量。目前,托育机构的规范化建设立足于2019年版的《托儿所、幼儿园建筑设计规范》(以下简称"《设计规范》"),其中包含了托儿所与幼儿园及拥有相同功能的建筑设计规范相关内容。本书主要介绍托儿所建筑设计规范相关内容。

一、《设计规范》的修订背景及意义

(一)《设计规范》的修订背景

2016年,我国实施全面两孩政策,随之而来的首要任务是解决婴幼儿的保育问题。据2017年的调查,"无人带孩子"成为制约我国家庭生育意愿的重要因素。为婴幼儿提供托育服务,提高托育质量,规范托儿所建筑设计刻不容缓。2016年4月,中华人民共和国住房和城乡建设部发布了《托儿所、幼儿园建筑设计规范》(JGJ39-2016),并于2016年11月1日起实施。同时,废止了1987年颁布的《托儿所、幼儿园建筑设计规范》(JGJ39-87)。

2019年,《国务院办公厅关于促进3岁以下婴幼儿照护服务发展的指导意见》发布,明确提出规范发展多种形式的婴幼儿照护服务机构,对规范婴幼儿照护服务机构提出了一系列指导要求。在这一背景下,住房和城乡建设部根据《关于印发〈2009年工程建设标准规范制订、修订计划〉的通知》的要求,在2019年8月,对《设计规范》进行了局部修订,并于2019年10月1日起实施。

(二)《设计规范》的修订意义

0—3岁是婴幼儿早期发展的关键时期,为了让婴幼儿健康、全面发展,提供良好的托育环境必不可少。《设计规范》的修订表明我国在不断优化婴幼儿托育环境。修订后的《设计规范》具有以下意义。

1. 限制托育机构的规模及人数,有效提高保育质量

目前托育机构规模有扩大的趋势,有些托育机构的班数多达20~30个。规模过大,对于托育机构的管理、安全、服务质量很不利。因此,《设计规范》对托育机构规模和班数进行了严格限制,确定了托育机构的规模和各班婴幼儿的年龄、人数等。

2. 扩大托育机构设置范围,弥补托育机构在数量上的不足

目前,我国托育事业刚起步,根据"十四五"公共服务规划,将每千人口拥有

3岁以下婴幼儿托位数从2020年的1.8个提高到2025年的4.5个。修订后的《设计规范》,增加了在符合消防安全的条件下,可与居住、养老、教育、办公建筑合建,大幅度扩大了托育机构的设置范围,对增加托育机构的数量极为有利。

3. 始终把婴幼儿的安全放在首要位置

修改后的《设计规范》无论是在总则还是基地和总平面及建筑设计方面,都把婴幼儿的安全放在第一位,要求严格按照国家相应建设标准及消防安全标准进行设计并建筑,通过完善安全技术防范系统和通信、网络系统,保障婴幼儿的安全。

4. 保证婴幼儿健康成长并提供更加舒适的生活环境

修改后的《设计规范》在建筑设计及室内环境中,要求确保户外活动时间,严格按照日照标准进行建筑。在采光、隔声、噪声及空气质量方面也提出了更加明确的要求,为婴幼儿的健康成长提供更加舒适的环境。

二、《设计规范》的解读

(一)托育机构建筑设计与质量

托育机构的建筑设计与质量对婴幼儿的安全和健康发展至关重要。托育机构的基地、总平面、建筑设计、室内环境及建筑设备必须把婴幼儿的安全放在第一位,同时也要促进婴幼儿生理心理发展。因此,托育机构的建筑设计应符合《设计规范》要求,同时遵守国家其他建筑规范及设计标准。

1. 室内环境

(1)空气质量

婴幼儿的呼吸系统尚未发育完全,空气质量差,会严重威胁婴幼儿呼吸道健康,室内空气质量要严格按照《室内空气质量标准》(GB/T18883)来执行。托育机构的婴幼儿用房应有良好的自然通风,通风口面积不小于房间面积的1/20。夏热冬冷、严寒和寒冷地区的幼儿用房应采取有效的通风措施。

此外,含有大量有害化学物质的建筑材料、装修材料和室内设施,轻则可导致头疼、恶心、疲劳、眩晕、胸闷等症状,重则被人体吸收后,通过血液循环扩散到全身,时间久了将造成免疫功能失调,使人体组织产生病变,可导致癌症、白血病等。虽然在《民用建筑工程室内环境污染控制规范》(GB50325)中没有专门提到托育机构的具体室内环境污染指标,但可以参照幼儿园、学校等的室内环境污染指标,对室内环境污染进行控制。

(2)采光

良好的自然采光有利于婴幼儿的身心健康发展,尤其是对保护婴幼儿的视力起着重要作用。虽然目前没有托育机构相关的采光度调查,但在一些幼儿园调查中发现,采光度的达标率偏低。托育机构的建筑采光应符合《建筑采光设计标准》(GB50033)的有关规定。主管部门要加强监管力度,保证其采光系数标准值和窗地面积的比例,主要活动场所的窗地面积比要达到1/5,采光系数要达到3%。

(3)隔声、噪声控制

0—3岁的婴幼儿比其他年龄阶段的儿童需要更多的睡眠,良好的睡眠是保障婴幼儿健康成长的前提。根据《民用建筑隔声设计规范》(GB50118),托育机构建筑室内允许的噪声级别为生活单元、保健观察室为≤45dB,多功能活动室及办公室为≤50dB。空气隔声标准(计权隔声量)为生活单元、办公室以及保健观察室与相邻房间之间是≥50dB,多功能活动室与相邻房间之间是≥45dB。托育机构应在隔声及噪声方面按照本规范进行严格控制。

2. 建筑设备

(1)给水排水

托育机构的建筑设计中,给水排水系统是不可缺少的一环,设备选型和系统配置应适合婴幼儿的需要。用水量标准、系统选择和水质应符合《建筑给水排水设计规范》(GB50015)、《生活饮用水卫生标准》(GB5749)、《饮用净水水质标准》(CJ94)、《建筑给水排水及采暖工程施工质量验收规范》(GB50242)的规定。

婴幼儿的消化系统尚未完善,消化能力及对细菌的抵抗力较弱,因此对饮用水的安全应格外注意。除了供水总进口管道上可设置紫外线消毒设备外,不应设置管道直饮系统。为了饮水安全,须给婴幼儿提供开水,开水炉应设置在专用房间内,并设置有防止婴幼儿触摸的保护措施。

有关排水,盥洗室、淋浴室、厕所、公共洗衣房应设置地漏,深度不得小于50mm,洗衣机应设置专用地漏,厨房的含油污水,应经除油装置处理后再排入户外污水管道。

(2)供暖通风和空气调节

供暖一般分为两种形式:一种为区域集中供热,北方大多以这种方式进行供暖;另外一种为电供暖,南方大多以这种方式进行供暖。如采用电供暖时,要严格按照现行国家标准《民用建筑供暖通风与空气调节设计规范》(GB50736)来进行供暖。供暖时一定要保障环境安全,室内设计温度要根据房间功能的不同而进行调整。例如,睡眠区、活动区、喂奶室及淋浴室、更衣室等温度要保持在24℃~25℃,活动室、保健观察室等温度可以稍微低一些。

托育机构建筑通风设计也是非常重要的一环,良好的通风可有效预防细菌及病毒的迅速传播，在一定程度上可预防传染性疾病。活动室、寝室、睡眠区、活动区、喂奶室和多功能室等每小时需要换气3～5次，卫生间要10次以上。公共淋浴室、无外窗的卫生间等，应设置有防止回流的机械排风装置。

3. 配套设施

（1）厨房

厨房是为婴幼儿提供餐食的主要场所，婴幼儿胃肠道系统薄弱，肠道壁薄、黏膜上血管丰富，一旦发生消化道感染，胃肠道内的细菌或毒素也容易进入血液，使病情迅速加重。因此，在托育机构建筑设计方面，要严格按照《饮食建筑设计标准》（JGJ64）的规定，按工艺流程合理布局，以此保障婴幼儿的健康。

（2）车库、停车场

托育机构的建筑设计还应考虑交通是否方便。随着经济的发展，除了公共交通以外，很多家长都倾向于车接车送。乘车是否便利、停车是否方便，也会在一定程度上影响家长对托育机构的选择，因此很多托育机构也会修建配套的停车场。为了充分考虑婴幼儿的活动安全和放学安全，当在托育机构场地内设置汽车库时，汽车库应与儿童活动区分开，应设置单独的车道和出入口，并应符合现行行业标准《汽车库、修车库、停车场设计防火规范》（GB50067）和《车库建筑设计规范》（JGJ100）的规定。

（3）消防安全

托育机构的婴幼儿年龄都在3岁以下，基本没有自救能力及安全意识，这种情况下发生火灾，保育师无法在短时间内将班级多名儿童全部带离现场，火灾逃生难度非常大。涉及婴幼儿及教师的生命安全，消防问题必须得到足够的重视，所有托育机构建筑防火设计必须符合现行国家标准《建筑设计防火规范》（GB50016）的规定。

案例

晋中一地检查33家托育机构，揪出58处火灾隐患！[①]

2022年4月5日至7日，平遥县消防救援大队联合该县卫生健康和体育局，成立3个检查小组，对辖区33家托育机构开展消防安全专项检查，累计揪出58处火灾隐患。

检查中，检查组重点对各家托育机构消防安全管理、各项规章制度落实情况进行了解，实地查看楼道、教室、公共区域疏散通道、安全出口是否畅通；灭火器、疏散指示标志、应急照明灯等消防设施设备是否配备齐全并保持完好有效。

① 详情参见腾讯新闻官方账号“晋中大事件”发布的《晋中一地检查33家托育机构揪出58处火灾隐患》一文。2022年5月10日访问。有删节。

“通过这次联合行动，进一步摸清了辖区内托育场所消防安全基本情况和存在的隐患问题，下一步我们会积极督促托育机构制定隐患清单，明确整改期限，确保将隐患全部整改完毕，把消防安全工作落实到位。”平遥县卫生健康和体育局安全股长郝建国表示。

截至目前，检查组共检查托育机构33家，排查各类隐患58处。下一步，平遥县消防救援大队将继续联合该县卫生健康和体育局，排查辖区托育机构消防安全工作，确保全面覆盖，不留死角，共同营造托育机构良好消防安全环境。

（二）托育机构建设的要求、原则与项目构成

1. 托育机构建设的要求

在托育机构建设方面，要考虑安全性、便捷性及覆盖面等多方面的因素。

（1）安全性

安全性是托育机构建设的第一要素，为了让婴幼儿健康成长，托育机构应该建在自然条件良好、符合卫生和环保要求的建设用地，即日照充足、场地平整、干燥、排水通畅、环境优美的地段。远离对婴幼儿成长有危害的建筑、设施及污染源，满足抗震、防火、疏散等要求。托育机构不可与公共娱乐场所、商场、批发市场等人流密集的场所毗邻，也应远离医院、垃圾场、化工厂等危害婴幼儿安全的各种污染源。托育机构内不可设有高压输电线、燃气、输油管道主干道等穿过。此外，托育机构应当设置符合标准要求的安全防护设施设备，如设置独立的疏散楼梯和安全出口，设置婴幼儿专用扶手、专用楼梯、防护栏杆等。

（2）便捷性

交通是影响家长选择托育机构的重要因素之一。已有研究显示，送托的距离越近，家长的接受度越高。托育机构不仅是为了满足儿童早期发展的需求，更要满足家长的工作及生活需求。因此，选址时一定要考虑周边的交通环境，与周围居民区的距离比较近，公共交通方便，可以提供停车场等，以此减轻父母的接送负担。

（3）覆盖面

托育机构在选址方面，要选择人口密集的地方，尤其是要选择婴幼儿数量分布密集的地方，使托育机构辐射于居民区、社区等。此外，托育机构还可设在就业集中区，例如高端写字楼附近、办公区附近或大型企事业单位附近等。据调查，家长选择托育机构的重要原因之一是与祖辈育儿观念冲突、祖辈身体不好或在外地无法帮带孩子，自己又因工作忙没有时间带孩子等，把托育机构建在这些区域，可有效覆盖工作群体。根据现行国家标准，修订后的《设计规范》根据《城市居住区规划设计标准》(GB50180)的规定，把托育机构的服务半径设

为300m，这比原规范中提到的300～500m范围更小。服务半径过大容易导致家长接送不便，尤其是居住区规模很大的情况下，会耽误家长很长时间，但这一条也要根据具体情况而定，例如人员稀少的乡镇地区可适当扩大服务范围。

2. 托育机构建设的原则

（1）婴幼儿优先原则

托育机构的建筑设计要优先考虑婴幼儿，满足其使用功能要求，要有益于婴幼儿健康成长。在确保生活空间、公共空间及室外空间等的同时，各空间也需要满足面积、设备上的要求。但所有建设相关要求首先要充分考虑婴幼儿的全面发展。

（2）安全原则

婴幼儿是我国的未来，保护婴幼儿的安全是托育机构保育工作的重中之重。当地震、火灾等灾害来临时，婴幼儿基本没有自救能力，全部要依赖于教师及工作人员。为了保证婴幼儿及教师等工作人员的安全，房屋建筑设计中要格外注意采取防火灾、防震等有效措施，将意外情况降到最低水平，保证婴幼儿、教师及工作人员的安全。

（3）节约环保原则

目前我国托儿所数量尚处于较为短缺的状态。例如，洪秀敏等学者的研究就指出，近年来我国托育机构的需求量在10万所以上，而各地托育机构的数量远远不足，急需增加。在建设托育机构的过程中，要节约土地、能源，做到保护环境，这不仅有利于托育机构建筑的安全性、适用性，也符合可持续发展的需求。①

3. 托育机构建设的项目构成

（1）场地

① 建筑占地

托育机构整体建筑面积不应低于360㎡，婴幼儿人均建筑面积不低于8㎡。建筑占地要围绕着保障婴幼儿的生命安全而决定。婴幼儿不具备和成人同样的逃生能力，如果把托育机构置于易发生自然地质灾害的地段，如地震危险、地质塌陷、洪涝或泥石流多发区、雷暴区、旋风区等，当有突如其来的危险时，将直接给婴幼儿的生命安全带来很大的威胁。同样，化学品、烟花爆竹等易燃易爆物品的厂房、锅炉房、变电所等易发生危险的建筑物、可燃物品和材料堆场周围也不宜开设托育机构。此外，垃圾站、污水处理厂、传染病医院等有污染的地方

---

① 洪秀敏，陶鑫萌，李汉东．“全面二孩”政策下托育服务资源需求规模预测——基于对2020—2035年城乡0—3岁婴幼儿人口的估算[J]．学前教育研究，2021(02):16-29.

是疾病的主要传播途径，会对免疫力低下的婴幼儿造成伤害。

托育机构要建设在整体环境较好、基础设施完善的地段。日照充足、干燥、排水畅通及环境优美的地方，可让婴幼儿身心愉悦，减少传染性疾病，周围基础设施完善、交通方便等可在发生紧急情况时更好地应对。例如，当婴幼儿突发疾病时，可及时就医。托育机构选址时不应与大型公共娱乐场所、商场、批发市场等人流密集的场所毗邻，这些建筑不仅容易发生火灾，噪音也较大，还可能导致婴幼儿在人群聚集的地方走失。

②道路

托育机构出入口不宜设置在城市干道一侧，应设置供车辆和人员停留的场地，不能影响城市道路交通。如设有停车场，车道与婴幼儿活动区域要分开，以免发生意外，威胁婴幼儿的生命安全。

③室外活动场地

托育机构需要配备足够的活动空间，户外活动是婴幼儿强身健体、保障健康的重要方式，接触阳光能促进婴幼儿身体钙吸收和骨骼发育。城市人口密集地区改、扩建的托育机构，设置室外活动场地确有困难时，室外活动场地人均面积不应小于$2m^2$。以湖北省为例，有三成以上的托育机构专用室外活动面积不足$60m^2$或人均面积小于$2m^2$，地级市和县级市明显低于行业标准的情况尤为突出[①]。另外一项在我国某市对226家托育机构的调查发现[②]，托育机构有独立户外活动场地的占70.0%，没有独立活动场地的占30.0%。有些托育机构有户外场地，但布置在建筑周围的阴影之内，基本没有阳光照射。此外，室外活动场地周围应当采取安全隔离措施，防止出现走失、失足、物体坠落等风险。

共用活动场地应设置游戏器具、沙坑、30m跑道等，宜设戏水池，但储水深度不应超过0.3m。游戏器具下地面及周围应设软质铺装。应设洗手池、洗脚池。对于学步期或不能走路的婴幼儿，为了保证户外活动时间，可准备多人用推车，以供户外散步使用。

案例

托育机构设在商业广场内　没有阳台和户外活动场所[③]

2021年11月18日，新快报记者来到越秀区东风路一家托育机构，机构设在

① 蔡全玲，周冬霞，詹书航．城市0-3岁婴幼儿托育机构发展现状研究——以湖北省为例[J]．荆楚学刊，2020，21(04)：88-96.

② 厉媛媛，徐雨菡．挑战与机遇：托育机构发展研究——基于H市226家托育机构调查[J]．教育教学论坛，2021(13)：55-58.

③ 详情参见搜狐网署名沈逸云的文章《托育机构设在商业广场内 没有阳台和户外活动场所》。2022年5月10日访问。有删节。

商业广场的二楼，里面隔开了厨房、卫生间、睡室、活动场所几个区域。各个设施都按照幼儿的年龄特点作了相应改造，比如有小宝宝的马桶、地上铺有软垫子、有色彩丰富的玩具等。

由于机构设在商业楼里，前面是大马路，孩子们并没有户外活动场所，甚至连阳台也没有。该机构2岁以上幼儿一个月的托管费包午餐是2400元，小于2岁的会酌情加费。

新快报记者注意到，这里有10多名宝宝，小的才9个月多，大的有2岁多。“其实就是帮着看孩子，让孩子暂时有个去处。至于上课这些，我们暂时没开设。”该托管机构的保育员说。

④绿地

《设计规范》中规定绿地率要大于30%，宜设置集中绿化用地，在绿地内不应种植有毒、带刺、有飞絮、病虫害多、有刺激性的植物。根据调查发现，在绿地建设方面，还是有很多托育机构绿地率小于30%，绿化面积不足，对环境质量及周围空气质量有一定影响，为了保证婴幼儿健康发展，严格按照规定设置绿化用地十分必要。

（2）房屋建筑

① 托育机构生活用房

托育机构生活用房由乳儿班、托小班、托大班组成，各班应为独立使用的生活单元，宜设公共活动空间，托育机构每班的人数和各区域面积如下表（5-1-1）。

表5-1-1　托育机构的每班人数及各区域面积

班别	人数	各区域面积（m^2）睡眠区与活动区合用时，其使用面积不应小于$50m^2$					
		睡眠区	活动区	配餐区	清洁区	卫生间	储藏区
乳儿班（6—12个月）	10人以下	30	15	6	6	/	4
托小班（12—24个月）	15人以下	35	35	6	6	8	4
托大班（24—36个月）	20人以下	60	70	/	/	20	9

在这里，乳儿班及托小班涉及喂奶问题。世界卫生组织提倡母乳喂养可持续到2岁。在托育机构里，可设置使用面积不小于10㎡的喂奶室，由保育师抱到喂奶室交给母亲哺乳，因此喂奶室应临近乳儿班。喂奶室对外设直接出入口，防止母亲经过婴幼儿生活空间，造成污染。

2岁之前的婴幼儿经常在地上玩耍，为确保婴幼儿的健康和安全，在活动区地面应作暖性软质面层，并在距地1.2m的墙面做软质面层。

睡眠区应布置每个婴幼儿的床位，不宜布置双层床，床位四周不宜贴靠外墙。对于乳儿的床位建议使用婴儿床或直接在软垫上铺垫子睡，以免从床上摔下来，造成事故。

配餐区应临近对外出入口，并设有调理台、洗涤池、洗手池、储藏柜等，应设加热设施，宜设通风或排烟设施。为了兼顾观察婴幼儿的活动，配餐区最好采用开放式，保育师站在操作台前面可面向婴幼儿。

清洁区应设淋浴、尿布台、洗涤池、洗手池、污水池、成人厕位等设施，成人厕位要与婴幼儿卫生间隔离，以避免污染。

可为托小班幼儿设置合适的卫生器具，要注意坐便器的高度宜为0.25m以下。目前市面上的幼儿坐便器的主要售卖对象是幼儿园，坐便器的高度为0.25m以上，其设计对象是3—6岁儿童。在实际使用此类坐便器的过程中发现，0.2m以下的坐便器才能让3岁以下幼儿双脚不离地，稳定地坐在上面，因此，市面上的很多幼儿坐便器并不适合托育机构安装，托育机构只能定制或改装，也给托育机构带来了诸多不便。

② 服务管理用房

服务管理用房包含晨检室、保健观察室、教师值班室、警卫室、储藏室、园长室、财务室、教师办公室、会议室、教具制作室等房间。各房间可根据具体需求进行调整。

托育机构应建设门厅，门厅内应设置晨检室和成人及婴幼儿洗手池。目前，在门厅设置洗手间的托育机构较少，更多的是为家长和婴幼儿提供免洗洗手液。

③ 供应用房

供应用房包括厨房、消毒室、洗衣间、开水间、车库等房间。厨房要自成一区，要与婴幼儿生活用房保持一定的距离。

厨房的使用面积宜每人0.4㎡，不应小于12㎡。对于规模较小的托育机构，为保证厨房的基本使用功能，面积不应过小。

（3）建筑设备

① 给水排水系统

给水排水系统是现代生活最基本的条件，婴幼儿是祖国的未来，托育机构是婴幼儿的主要活动场所，必须设置给水排水系统，保证婴幼儿的供水及排水。有些不具备供水条件的偏远山村，可因地制宜设置供水设施。

婴幼儿肠道功能薄弱，提供干净的饮用水，可有效预防婴幼儿常见疾病，因此要在供水总进口管道上设置紫外线消毒设备。

为了给婴幼儿提供安静、舒适的生活单元，供水时产生的噪声应符合相关规定。《设计规范》中特别强调了产生噪声的各种供水机房、各种换热机房及变配电房间等不得与这些房间或无泵房设备贴临设置。

婴幼儿盥洗或洗浴需要热水，托育机构宜采用集中热水供应系统，当无条件时，可采用分散制备热水或预留安装热水供应设施的条件。按照国家要求，托育机构建筑应该是绿色建筑，绿色建筑应按照被动措施优先的设计原则，可采用太阳能热水器或空气热源泵制备热水。但因各地气候的差异，采用这些环保措施可能在水温上达不到需求，这时可采取辅助加热设施，使水温达到60℃，以此保障婴幼儿的用水需求。

此外，婴幼儿的生活离不开饮用水，对婴幼儿来说最好的饮用水是白开水。在婴幼儿无法接触的专用房间内设置开水器，每个幼儿班设置一台保温开水壶，方便取水。

② 暖通空调系统

对于托育机构来说，从供暖质量、环保、消防安全、使用安全及卫生条件等几个方面衡量，较适宜采用热水为媒介的集中供暖系统。如具备可再生能源的条件，供暖方式可优先考虑再生能源；不具备集中供暖条件或冬季供暖时间比较短、供电充足的地区，可采用电供暖来满足室内温度需求。供暖系统末端设施有不同种类，无论何种末端供暖设施，都应设置能够实现分室温控的恒温控制阀调控，这样不仅有利于节能控制，也可实现室温可控。

有关通风，活动室和寝室应具备可开启自然通风外窗，要保证轮换开启通风。我国地域辽阔，气候差异大，最少换气次数也不尽相同。如高温高湿地区的换气次数要求比其他地区要高一些。公共厨房、公共淋浴室、无外窗卫生间要设置排风竖井，把有害气体从屋顶排出，竖井应该设有防止回流构造，防止相邻房间窜味。公共淋浴室、无外窗卫生间等，采用的排气扇需要配有防止回流装置。

此外，随着人们生活水平的提高，人们要求的环境标准也越来越高。夏季炎热地区的托育机构可设置空调设备或预留安装空调设备的条件。采用分体空调时，空调室外机既对外观有影响，空调冷凝水等的随意排放也对建筑物造成不利的影响，因此，在建筑设计时，要统一规划室外机的位置。

③ 电气系统

婴幼儿的眼部发育尚不完全，而活动室、寝室、图书室等是婴幼儿日常活动停留时间较长的场所，频闪和眩光是照明设计中要解决的重要问题。目前采用得最多的是LED灯，采用LED灯时，显色指数（Ra）不应小于80，喂奶室、睡眠区色温不宜高于3300K，特殊显色指数R_9应大于0。其他场所色温不宜高于4000K。

托育机构日常消毒采用的是紫外线消毒灯，效果较好。灯具应安装在空气容易对流循环的位置。紫外线杀菌灯的控制装置应单独设置，并采取防误开措施。

使用电器，离不开插座，一定要注意位置和数量。活动室插座不应少于四组，寝室插座不应少于两组。插座安装高度不低于1.8m。插座回路与照明回路要分开设置，插座回路应设置剩余电流动作保护，额定动作电流不应大于30mA。

④ 智能化系统

托育机构应设置视频安防监控系统、入侵报警系统、电子巡查系统，在大门、厨房设置出入口控制系统等安全系统。此外，大、中托育机构宜设置电话系统、计算机网络系统、广播系统、有线电视系统、教学多媒体设施等。

（三）托育机构建设标准实施中的问题与对策

《设计规范》对建筑场地、建筑设计质量及设备等方面给出了具体要求，在保证婴幼儿安全的前提下，对婴幼儿的健康成长提供更加卫生、经济、美观、舒适的生活环境给出了规范化指导，但在实施过程中仍然存在以下问题。

1. 托育机构建筑安全仍存在一定的隐患

托育机构建筑供6个月至3周岁以下的婴幼儿照护使用，白天的大多数时间，婴幼儿在室内开展一系列保教活动。由于婴幼儿身体尚未发育成熟、抵抗能力弱，对外部环境的适应能力差，因此对建筑物的要求较高。

从安全角度出发，托育机构建筑应独立设置，建筑要求封闭，周围设围墙。如果托育机构的建筑与其他建筑合建，势必对婴幼儿的生活环境造成干扰，难以保证婴幼儿的安全、卫生。因此，在居住规划用地时，要留够托育机构的用地，可以独立建设满足《设计规范》要求的托育机构。但目前我国的城市土地规划中，并没有专门的托育机构用地，一般采用合建的形式：第一种是在居住区中按照规划要求，将托育机构与其他建筑合建在一栋建筑中，例如建在社区的公共服务设施内等；第二种是建在城市密集区，与既有建筑合建，例如建在办公楼或者商业体内。尤其是第二种模式，安全方面存在很多问题。因此，《设计规范》对合建的托育机构的安全问题作了相关规定。

（1）合建的既有建筑应经有关部门验收合格，符合抗震、防火等安全方面的规定。

(2)因婴幼儿身体情况与成人不同,行走能力差、体质弱,因此应设独立的疏散楼梯和安全出口。婴幼儿的楼梯踏步高度、宽度不同,成人使用的楼梯不适合婴幼儿使用,在紧急情况下,与成人共用楼梯也可能对婴幼儿的身体造成伤害。

(3)当发生紧急情况时,家长需要把婴幼儿接回家,因此出入口处应设置人员安全集散和车辆停靠的空间。

(4)为了保证婴幼儿的健康成长,应设独立的室外活动场地。为了安全起见,场地周围应采取隔离措施。

(5)建筑出入口及室外活动场地范围内应采取防止物体坠落措施,以免婴幼儿被坠落的物体砸伤。

但现实情况是,托育机构与既有建筑合建的建设成本较高,招生人数太少,会给运营造成一定的困难。目前,我国有不少托育机构与商业、娱乐等建筑合建的情况,存在火灾等安全隐患,因此应该对托育机构建筑进行规范化监督。同时,国家也要尽快出台托育机构规划用地相关具体政策。

2.活动空间的面积要求过高

在《设计规范》中,规定乳儿班(人数为10人以下)、托小班(人数为15人以下)的室内活动空间分别为45㎡和70㎡(睡眠区和活动区合用时,适用面积不小于50㎡),托大班(人数为20人以下)的活动空间为130㎡。按照以上数据,可以计算出乳儿班人均面积不少于4.5㎡,托小班的人均面积为4.67㎡以上(睡眠区和活动区合用时,3.3㎡以上),托大班的人均面积为6.5㎡以上。

美国的托育机构需要为每个婴幼儿提供不少于2.8㎡的活动面积,对15—33个月的婴幼儿,人均面积不少于3.3㎡。日本的保育园,2岁以下婴幼儿的保育室或活动室的人均面积为2.5㎡以上,2岁以上幼儿的人均面积为1.98㎡以上。

根据以上数据来看,在人均面积方面,我国对婴幼儿托育机构的人均面积要求更高。国外的数据显示,年龄越小,活动室需要的面积越大,因为对于乳儿来说,需要准备充足的空间用于爬行锻炼。我国的规定却相反,对于乳儿,睡眠区的空间规定为30㎡,活动室的空间却只有15㎡,根据年龄增加,人均活动面积也有所增加。人均面积的增加会导致成本的增加,会让很多想开办托育机构的人望而却步。

3.在细节上对婴幼儿过度保护

托育机构的户外活动场地是否必须做到地面应平整、无障碍、采用软质地坪等问题,也值得进一步探讨。婴幼儿接触的外界应当是丰富多样的,以日本常见的保育园(0—6岁一体化机构)为例,户外活动场地并没有使用软质地面材料(如塑胶垫或假草坪等),而用的是天然沙土,这种户外环境地面并不平整,雨后还会形成大大小小的泥坑。地面完全平整、无障碍甚至是软质地坪,会对婴幼儿造成过度保护,限制婴幼儿的活动。在教育得当的情况下,一定的坡度和障碍不仅可以促进婴幼儿的动作发展,也可增强危险防范意识,还可以让婴幼儿看到雨前雨后地面的变化,甚至可以跳泥坑,更加亲近自然。

第二节
《托育机构登记和备案办法(试行)》解读

根据《托育机构登记和备案办法(试行)》(以下简称《办法》),国家鼓励并提倡企业事业单位、社会服务组织及公民个人依法举办托育机构,成为举办托育机构的主体。各种社会力量可以以多种方式参与到托育事业中,发展我国公共托育事业。面向3岁以下婴幼儿可提供多种托育服务,如全日托、半日托、计时托、临时托等,服务范围可根据托育机构的具体情况而定。举办托育机构,应按照《办法》的规定办理登记和备案。

一、《办法》制定的背景和意义

(一)《办法》制定的背景

随着国家对早期教育的重视及0—3岁婴幼儿照护服务需求度的增加,大量市场主体涌入开办托育机构的行列中,导致托育机构质量参差不齐,对托育机构的规范化管理刻不容缓。为贯彻落实《国务院办公厅关于促进3岁以下婴幼儿照护服务发展的指导意见》精神,规范托育机构的登记和备案管理,国家卫生健康委员会办公厅等部门制定了该《办法》。

(二)《办法》制定的意义

1. 明确了托育机构的注册流程,大幅提高了审批办理效率

在《办法》出台前,托育机构审批流程和对接部门情况不甚清晰,长期处于效率低、规范不统一等状态。《办法》出台后,一方面确定了托育机构正规手续的办理流程与对应的审批部门;另一方面,登记部门和备案部门之间保持信息互通、业务协同等措施,大幅提高了托育机构的审批办理效率。

2. 明确了业务范围,有利于保障婴幼儿的健康和安全

《办法》规定,托育机构申请登记时,要在业务内容或经营范围内体现"托育"的字样,明确托育服务的内容。此前,因业务范围及业务内容不明确,在场地方面,早教机构、儿童游乐园、住宅区等存在提供儿童托育服务的乱象;在人员方面,也容易出现无证上岗、素质偏低等现象。明确业务范围,场地、人员、卫生和消防安全方面都要依照托育的标准执行,可有效保障婴幼儿的健康和安全。

二、《办法》的解读

(一)托育机构性质与审批部门

根据托育机构的性质,要向相应的审批部门申请审批和登记,如下表。

表5-2-1　托育机构性质与审批部门

托育机构性质	审批部门
事业单位性质	县级以上机构编制部门
社会服务机构性质	县级以上民政部门
营利性	县级以上市场监督管理部门

托育机构申请登记时,应当在业务范围(或经营范围)中明确托育服务内容,申请登记的名称中可包含"托育"字样,以明确服务内容。登记机关应当及时将托育机构登记信息通过共享、交换等方式推送至同级卫生健康部门,促使辖区内已登记托育机构备案,以便后期卫生健康部门进行监督。

(二)登记与备案流程

(1)举办托育机构,要按照《办法》的规定办理登记及备案。法律、行政法规另有规定的,要按照有关规定执行。托育机构的设立需要经过以下步骤。

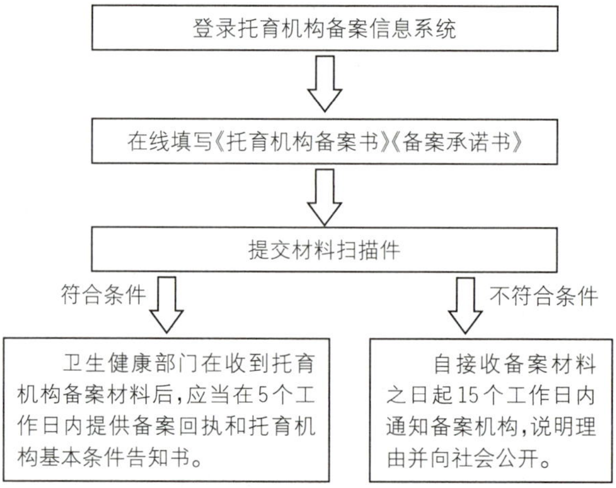

图5-2-1　登记与备案流程

(2) 托育机构备案材料。

为了顺利完成托育机构的登记与备案,相关材料要提前准备。需要准备的材料如下:

① 营业执照或其他法人登记证书;

② 托育机构场地证明;

③ 托育机构工作人员专业资格证明及健康合格证明;

④ 评价为"合格"的《托幼机构卫生评价报告》;

⑤ 消防安全检查合格证明；

⑥ 法律法规规定的其他相关材料；

⑦ 提供餐饮服务的，应当提交《食品经营许可证》。

（三）变更注销与社会查询监督

托育机构变更备案事项的，应当向原备案部门办理变更备案。托育机构终止服务的，应当妥善安置收托的婴幼儿和工作人员，并办理备案注销手续。卫生健康部门应当将托育服务有关政策规定、托育机构备案要求、托育机构有关信息在官方网站公开，接受社会查询和监督。

第三节

《托育机构管理规范(试行)》的解读

目前,我国对托育服务的需求不断增长,城市家庭愿意选择托育服务,但托育服务行业的公众信任程度偏低,导致很多家长还是更愿意采取“父母为主,祖辈辅助”的家庭养育模式。为提高托育服务质量,提升托育机构利用率,减轻家庭养育负担,推进托育机构规范化建设十分必要。为加强托育机构专业化、规范化建设,根据《中华人民共和国未成年人保护法》等法律法规以及《国务院办公厅关于促进3岁以下婴幼儿照护服务发展的指导意见》,国家卫生健康委员会在2019年9月发布了《托育机构管理规范(试行)》(以下简称“《管理规范》”)。

一、《管理规范》制定的背景和意义

(一)《管理规范》制定的背景

新中国成立初期,我国的许多企事业单位都开办了托儿所,为职工家庭解除了后顾之忧。随着经济的迅速发展,福利性托儿所服务体系逐渐萎缩,托育服务的发展也变得停滞不前。此后很长一段时间,3岁以下婴幼儿的照料的主力军转变为家庭,未进入我国公共服务的领域。随着生育政策的改革,很多资本看到商机,涌入0—3岁婴幼儿托育服务市场,但因缺少专门的政策法规和管理体制,导致质量参差不齐。在此背景下,《管理规范》得以出台。

(二)《管理规范》制定的意义

此前由于婴幼儿托育机构缺乏统一的管理制度,各地都沿用幼儿园的管理机制对其进行管理。但不同年龄段的婴幼儿的照护服务需求差异较大,幼儿园管理机制对托育机构并不适用。《管理规范》坚持儿童优先的原则,在备案、收托、保育、健康、安全、人员管理等方面作出了具体规定,而且要求相关部门做好对托育机构的监督管理。

二、《管理规范》的具体内容解读

(一)《管理规范》概述

婴幼儿是托育机构的核心,《管理规范》始终坚持儿童优先的原则,明确了要尊重婴幼儿成长特点和规律,最大限度地保护婴幼儿,确保婴幼儿的安全和健康。开办托育机构,无论是全日托、半日托、计时托还是临时托,都要遵守《管理规范》。

案例

河南突发悲剧：无证托儿所暖气片砸死孩子[1]

徐某某，35岁，家住河南郑州，未经教育主管等相关部门审批，在郑州市惠济区使用居民住房设立爱贝尔托育中心，开展幼儿教育等相关教育工作。

2022年2月25日17时30分许，幼儿时某某在教室内活动时，该教室内壁挂暖气片突然倾倒，将时某某砸倒，致使时某某死亡。案发后，徐某某主动拨打120电话，并随同到医院抢救，经公安机关电话通知到公安机关接受讯问。

检察机关认为，徐某某明知校舍有危险，而不采取措施、不及时报告，致使一人死亡的事故发生，其行为已触犯《中华人民共和国刑法》第一百三十八条之规定，犯罪事实清楚，证据确实、充分，应当以教育设施重大安全事故罪追究其刑事责任。建议判处徐某某有期徒刑两年，缓刑三年。

(二)各项管理内容

1.备案管理

托育机构登记后，应向机构所在地的县级以上卫生健康部门备案，提交评价为“合格”的《托幼机构卫生评价报告》、消防安全检查合格证明、场地证明、工作人员资格证明等材料，填写备案书和承诺书。如在机构内提供餐饮服务，须提交《食品经营许可证》。卫生健康部门收到备案后，要对其提供备案回执和托育机构基本条件告知书。如果托育机构需要变更备案事项，应当向原备案部门办理变更备案。当托育机构终止服务时，应当妥善安置收托的婴幼儿和工作人员，并办理备案注销手续。卫生健康部门应当将托育服务有关政策规定、托育机构备案要求、托育机构有关信息在官方网站公开，让其接受社会查询和监督。

2. 收托管理

第一，入托时需要提供婴幼儿的基本信息，并与机构签订有效协议。婴幼儿监护人应当主动向托育机构提出入托申请，并提交真实的婴幼儿及其监护人的身份证明材料。托育机构应当与婴幼儿监护人签订托育服务协议，明确双方的责任、权利义务、服务项目、收费标准以及争议纠纷处理办法等内容。

第二，监护人要向托育机构报备婴幼儿的疫苗接种情况及健康检查情况。准备入托的婴幼儿应当完成适龄的预防接种，经医疗卫生机构健康检查合格后方可入托，中途离开机构3个月以上的，返回时应当重新进行健康检查。

第三，托育机构要妥善管理婴幼儿信息并做好家长工作。托育机构应当建立收托婴幼儿信息管理制度，及时采集、更新，定期向备案部门报送。托育机构

① 详情参见腾讯新闻客户端《河南突发悲剧：无证托儿所暖气片砸死孩子！负责人赔17万被起诉》一文，2022年5月10日访问。有删节。

应当建立与家长联系的制度，定期召开家长会议，接待来访和咨询，帮助家长了解保育照护内容和方法。托育机构应当成立家长委员会，事关婴幼儿的重要事项，应当听取家长委员会的意见和建议。托育机构应当建立家长开放日制度，让家长入园观看并参与保教过程。

第四，托育机构应肩负起一定的社会责任，应当加强与社区的联系与合作，面向社区宣传科学育儿知识，开展多种形式的服务活动，促进婴幼儿早期发展。

第五，托育机构应当建立信息公示制度，定期公示收费项目和标准、保育照护、膳食营养、卫生保健、安全保卫等情况，接受监督。

3. 保育管理

在生活方面，托育机构要科学合理地安排婴幼儿的生活，做好饮食、饮水、喂奶、如厕、盥洗、清洁、睡眠、穿脱衣服、游戏活动等服务。

在喂养方面，应当顺应喂养，科学制定食谱，保证婴幼儿膳食平衡。有特殊喂养需求的，婴幼儿监护人应当提供书面说明。在户外活动方面，应当保证婴幼儿每日户外活动不少于2小时，寒冷、炎热季节或特殊天气情况下可酌情调整。

在教育方面，托育机构应当以游戏为主要活动形式，促进婴幼儿在身体发育、动作、语言、认知、情感与社会性等方面的全面发展。游戏活动应当重视婴幼儿的情感变化，注重与婴幼儿面对面、一对一地交流互动，动静交替，合理搭配多种游戏类型。托育机构应当提供适宜刺激，丰富婴幼儿的直接经验，支持婴幼儿主动探索、操作体验、互动交流和表达表现，发挥婴幼儿的自主性，保护婴幼儿的好奇心。

家园共育方面，托育机构应当建立照护服务日常记录和反馈制度，定期与婴幼儿监护人沟通婴幼儿发展情况。

4. 健康管理

首先，托育机构应当按照有关卫生保健规定，完善相关制度，切实做好婴幼儿和工作人员的健康管理，做好室内外环境卫生。

其次，托育机构应当坚持晨午检和全日健康观察，发现婴幼儿身体、精神、行为异常时，应当及时通知婴幼儿监护人。在晨检及日常观察中发现婴幼儿遭受或疑似遭受家庭暴力的，应当依法及时向公安机关报案。当发现婴幼儿患病时，患病期间应当在医院接受治疗或在家护理。

再次，托育机构应当建立卫生消毒和病儿隔离制度、传染病预防和管理制度，做好疾病预防控制和婴幼儿健康管理工作。

最后，托育机构工作人员上岗前，应当经医疗卫生机构进行健康检查，合格后方可上岗。托育机构应当组织在岗工作人员每年进行一次健康检查。在岗工作人员患有传染性疾病的，应当立即离岗治疗；治愈后，须持病历和医疗卫生机构出具的健康合格证明，方可返岗工作。

5. 安全管理

安全管理制度方面，托育机构应当落实安全管理主体责任，建立健全安全防护措施和检查制度，配备必要的安保人员和物防、技防设施。托育机构应当明确专兼职消防安全管理人员及管理职责，加强消防设施维护管理，确保用火用电用气安全。托育机构应当建立照护服务、安全保卫等监控体系。监控报警系统确保24小时设防，婴幼儿生活和活动区域应当全覆盖，监控录像资料保存期不少于90日。

婴幼儿接送制度方面，托育机构应当建立完善的婴幼儿接送制度，婴幼儿应当由婴幼儿监护人或其委托的成年人接送。

安全教育和培训方面，托育机构应当制订重大自然灾害、传染病、食物中毒、踩踏、火灾、暴力等突发事件的应急预案，定期对工作人员进行安全教育和突发事件应急处理能力培训。托育机构工作人员应当掌握急救的基本技能和防范、避险、逃生、自救的基本方法，在紧急情况下必须优先保障婴幼儿的安全。

6. 人员管理

职业道德方面，托育机构工作人员应当具有完全民事行为能力和良好的职业道德，热爱婴幼儿，身心健康，无虐待儿童记录，无犯罪记录，并符合国家和地方相关规定要求的资格条件。

职业教育方面，托育机构应当建立工作人员岗前培训和定期培训制度，通过集中培训、在线学习等方式，不断提高工作人员的专业能力、职业道德和心理健康水平。托育机构应当加强工作人员法治教育，增强法治意识。对虐童等行为实行零容忍，一经发现，严格按照有关法律法规和规定，追究有关负责人和责任人的责任。

劳动保障方面，托育机构应当依法与工作人员签订劳动合同，保障工作人员的合法权益。

案例

天津：一男童在托育班被老师带走后深度烫伤！[①]

近日，两岁五个月的萌萌在天津市河西区华夏未来托育班上学期间，被老师单独带到办公室后烫伤。经医生诊断为左手深Ⅱ度烫伤，面积1%。

① 详情参见澎湃新闻网《男童被老师带走后深度烫伤》一文。2022年4月27日访问。有删节。

这种疤痕要留在孩子心中一辈子。孩子是交给托育班的，不是私下交给老师的，即便老师被辞退了，也应该是托育机构承担责任。如果我们不能给孩子一个最基本的安全成长的环境，那么我们的孩子的未来是什么？

托育机构有责任及义务保证幼儿的安全，使其健康成长。

7. 监督管理

第一，托育机构应当加强党组织建设，建立工会组织或职工代表大会制度，积极支持工会、共青团、妇联等组织开展活动，依法加强民主管理和监督。

第二，托育机构应当制订年度工作计划并于每年年底向卫生健康部门报告工作，必要时随时报告。托育机构应建立信息公示制度和质量评估制度，实施动态管理，加强社会监督。

第三，各级妇幼保健、疾病预防控制、卫生监督等机构应当按照职责，加强对托育机构卫生保健工作的业务指导、咨询服务和监督执法。

（三）实施过程中存在的问题及对策

1. 备案管理中存在的问题及对策

依据《管理规范》，托育机构要在有关部门登记并在卫生健康部门备案后，才可以开展托育服务。但目前主要问题在于登记部门不统一，在实施过程中出现了有些机构在民政部门登记，有些在卫生健康部门登记，有些机构在其他部门登记的乱象。这种情况很容易导致部门之间责任划分不清、单个部门责任落实不明、多个部门协作配合不力等问题。此外，在材料的准备中，很多托育机构在人员及场地证明方面虽然符合要求，但在卫生、消防、食品经营许可方面不达标，存在很多风险。

对于不达标的托育机构应当给予具体指导，而不仅仅是要求整改。对于达标的托育机构应给予资金上的补贴和政策上的优惠。

2. 收托管理中存在的问题及对策

《管理规范》虽然明确了托育机构应当与婴幼儿监护人签订服务协议，约定双方权利义务、服务项目、收费标准以及退费办法，但没有规定权利与义务的具体内容。目前，托育机构自行制订的服务协议五花八门，不仅在内容方面有诸多不成熟、不规范的地方，也给消费者防范风险及维护自身权益带来了一定的困难。

2021年5月，南京市婴幼儿早期发展行业协会与南京市消费者协会发布了《南京市婴幼儿托育服务合同范本》，率先施行了婴幼儿托育服务规范合同。此合同依据民法典、《南京市婴幼儿托育机构管理办法》等法律、规章和文件规定而制定，对合同期限、履行地点、服务对象、服务方式、班级设置和人员配备、费用及支付方式、权利和义务、保密事项、违约责任、争议处理、合同变更、补充或解除以及其他事项等作出了明确的规定。

这种专业性强、具有很强操作性的范本,不仅适用于南京市,其他各省市地区也可根据本省市或地区的具体情况制订合同范本,惠及托育机构及消费者。

资料链接

南京市婴幼儿托育服务合同范本

甲方(托育机构):

机构名称(与营业执照一致):____________

机构地址(与营业执照一致):____________

审批机关:____________

登记机关:____________

统一社会信用代码:____________

法定代表人:____________

联系人(负责人):____________

联系电话:____________

乙方(婴幼儿监护人):

婴幼儿姓名:____________

身份证号:____________

性别:____________

出生日期:______年______月______日

户籍所在:____区______街镇______号

住址:____区______街镇______号

婴幼儿监护人姓名:______

与婴幼儿关系:____________

身份证号:____________

联系电话:____________

联系地址:____区______街镇______号

其他联系人:____________

联系电话:____________

与婴幼儿关系:____________

根据《中华人民共和国民法典》《国务院办公厅关于促进3岁以下婴幼儿照护服务发展的指导意见》和《托育机构设置标准(试行)》《托育机构管理规范(试

行)》《南京市婴幼儿托育机构管理办法》等有关法律、规章和文件规定，甲乙双方遵循平等、自愿、公平、诚实、信用原则，经协商一致，订立本合同。

第一条 合同期限、履行地点、服务对象

期限：自____________开始至____________结束。

地点：____________________

服务对象(婴幼儿姓名)：____________________

第二条 服务方式、班级设置和人员配备

一、服务方式及时间

全日托：上午______：______到下午______：______

半日托：______：______到______：______

计时托：____________________

临时托：____________________

其他：____________________

二、班级设置

□乳儿班 □托小班 □托大班 □混编班

乳儿班服务6—12个月婴幼儿，每班10人以下；

托小班服务12—24个月婴幼儿，每班15人以下；

托大班服务24—36个月婴幼儿，每班20人以下；

混编班服务18个月以上的婴幼儿，每个班不超过18人。

三、人员配备

工作人员与婴幼儿人数之比为：乳儿班1∶3；托小班1∶5；托大班1∶7；混编班1∶6。

第三条 费用及支付方式

一、收费

(一)分类计费

1.全日托：

2.半日托：

3.计时托：

4.临时托：

5.其他：

(二)具体计费

1.保育费

服务时间:______月

服务费用:￥______元

(大写:______元)

服务期限: 年 月 日至 年 月 日

2.伙食费标准:______元/天

(三)收付方式

£现金□银行卡 □转账 □第三方支付£其他

收款方信息:____________(户名和收款账号等)

付款方信息:____________(户名和支付账号等)

二、退费

1.保育费按月计算退费。由于婴幼儿请假、转学、退学、插班等原因,婴幼儿当月在园天数不足4天(含4天)的,按保育费交费额的80%退还;超过4天但不足当月法定工作日数一半(含一半,向下取整天数)的,按保育费交费额的50%退还;超过当月法定工作日数一半的,不退还所交保育费。

2.伙食费标准按照实际成本确定,按月据实结算。婴幼儿在园天数不足一个月的,按实际缺席天数退还伙食费。

第四条 权利和义务

一、甲方的权利和义务

1.甲方应当按照婴幼儿身心发展规律和特点实施照护服务,根据年龄特点培养婴幼儿的自理能力,开展符合婴幼儿发展基本要求、有利于婴幼儿身心健康的活动。

2.甲方应当建立晨午检、全日健康观察、卫生消毒、病儿隔离、传染病预防和处置、在岗工作人员健康检查、紧急事件处理预案等制度,做好婴幼儿和工作人员的健康管理。

3.甲方应当健全安全防护制度和措施,建立完善的婴幼儿接送制度,配备必要的安保人员和物防、技防设施,做到婴幼儿生活和活动区域安防监控全覆盖。

4.甲方场地设施应当符合国家相关安全质量和环保标准,应当配备符合婴幼儿月龄特点且安全、环保的家具、用具、玩具、图书和游戏材料等。

5.甲方应当建立婴幼儿家长联系制度,及时反馈婴幼儿的健康、生活状况,接待来访和咨询,指导家长科学育儿。

6.甲方有权要求乙方委托的接送人出具授权委托书(标明授权范围及期限)及本人的身份信息资料等,并有权与乙方核实相关信息。

7. 甲方有权禁止乙方及乙方委托的人、婴幼儿等携带与托育生活无关的物品及食品进园。

8. 甲方有权拒绝除乙方监护人之外的人员进园探视婴幼儿，乙方许可的除外。

9. 晨检发现婴幼儿疑似患病，甲方应及时告知乙方，并有权要求乙方或乙方委托的受托人带婴幼儿去医院检查或治疗。若园内发生传染性疾病，具体应急处置办法按照所在地妇幼保健所或疾控部门规定进行处理。

10. 甲方的服务范围包括婴幼儿饮食、饮水、喂奶、喂药、如厕、盥洗、清洁、午睡、穿脱衣服、游戏活动等内容。甲方有权拒绝喂食乙方提供的无处方药品、保健品。

11. 甲方发现婴幼儿出现突发疾病或受伤，应及时通知乙方或乙方指定的受托人到园处理。情况危急时，甲方应及时拨打120急救中心电话，同时联系乙方或其他监护人，费用由责任方承担。

12. 甲方保育人员应当取得托幼机构工作人员健康合格证，并经过相关职业技能培训合格后持证上岗。上岗人员应当无虐待、性侵儿童记录，无犯罪记录。

13. 甲方在工作中发现婴幼儿遭受或者疑似遭受不法侵害以及面临不法侵害危险的，应当立即制止并向公安机关报案或者举报。

二、乙方的权利和义务

1. 乙方提出入托申请时，应当向甲方提交婴幼儿的真实信息材料、监护人的身份证明材料和联系方式，监护人联系方式变更应及时告知甲方并签订书面确认书。

2. 乙方应当完成入托婴幼儿适龄的预防接种并经医疗卫生机构健康检查合格后，方可送托。

3. 婴幼儿离开托育机构3个月及以上的，返回时乙方应当向甲方提供新的健康检查证明材料。

4. 乙方因特殊情况不能亲自接送婴幼儿应事先告知甲方，经甲方确认后可以委托他人接送。委托他人接送的，乙方应出具委托书予以确认。

5. 乙方或乙方委托接送婴幼儿的受托人应当进行健康检查并及时向甲方报告。

6. 乙方不得给入园的婴幼儿佩戴任何首饰、胸针、挂件等饰物，除婴儿必备的存储式母乳、奶粉、辅食外，不得携带其它任何食品入园。

7. 若婴幼儿经医疗机构诊断患有传染性疾病，乙方应当及时告知甲方工作人员。婴幼儿康复后重新入园时，乙方须向甲方提交疾控部门或社区卫生院出具的复课证明。

8.婴幼儿在园期间需要服药，乙方或乙方委托接送的受托人应当向甲方工作人员提供医院病历或处方，并在晨检时准确填写喂药单。

9.婴幼儿有特殊喂养需求的，乙方应当向甲方提供书面说明并签字确认。

10.本协议签订前，乙方应当如实填写并向甲方报告婴幼儿特异体质、疾病、伤情、异常心理状态、异常行为等，不得隐瞒、谎报、延迟甚至阻挠他人报告。

11.乙方在参加甲方组织的亲子活动中，有义务做好乙方及婴幼儿的安全防范，若因非甲方原因导致伤害，甲方不承担责任。

12.乙方有权查看甲方相关保育人员健康证和其他相关资质证明。

13.乙方有权要求甲方定期书面反馈婴幼儿在园情况和发展情况。

第五条 保密事项

1.甲方不得泄露、散布乙方的个人隐私和信息，未经乙方书面同意，甲方不得将乙方及婴幼儿的姓名、肖像、影像等用于商业宣传或其他不正当用途。

2.乙方应当尊重甲方的知识产权，未经甲方同意，乙方不得对教学活动进行拍照、录像、录音，对于甲方拥有知识产权的课程材料或课件，乙方不得擅自复制、散发、销售及通过互联网进行扩散和传播。

第六条 违约责任

1.甲方因自身原因要求解除服务合同或无法继续按合同约定提供服务时，应至少提前一个月通知乙方，并应按照实际剩余天数退费；未提前一个月通知的，应再支付乙方一个月的保育费作为补偿。

2.乙方因自身原因要求解除服务合同或无法继续按合同约定接受服务时，按第三条第二款进行退费。

3.发生第五条第1款项时，甲方应在一个月内退还应退费用。

4.甲乙双方如不履行本合同义务或履行本合同义务不符合约定而给对方造成损失的，应对损失进行赔偿，赔偿包括但不限于：医药费、检查费、诉讼费、律师费、保全费、交通费等合理费用。

第七条 争议处理

本合同在履行中如发生争议，双方应当协商解决，协商解决不成的，可以通过下列途径解决：

1.请求消费者协会或者依法成立的其他调解组织调解；

2.向有关行政部门投诉；

3. 向人民法院提起诉讼。

第八条 合同变更、补充或解除

1. 合同一方需变更或补充合同内容，应征得对方同意，双方协商一致并以书面形式变更或补充本合同。

2. 合同的解除或终止，应当按照法定的条件和程序执行，双方应当自解除或终止本合同之日起一个月内办理完毕相关物品材料等交接手续并签署交接清单。

3. 甲乙双方需更改联系方式或其他信息的，应及时以书面形式告知另一方，未及时告知的，以原留存信息为准。

第九条 其他事项

1. 因不可抗力因素导致甲方不能正常提供服务的，甲乙双方协商解决，协商不成的，按第七条处理。

2. 合同及附件未尽事宜，法律法规有规定的，按规定执行；法律法规没有规定的，由双方协商确定。

3. 双方确认本协议中所书写的地址、电话是接收非诉讼及诉讼的相关书面通知、信函等材料的有效地址及电话。

4. 本合同一式两份，甲乙双方各执一份，自双方签字或盖章后生效。

甲方（盖章）：

法定代表人或代理人（签字）：

年　　月　　日

乙方（签字）：

3. 保育管理中存在的问题及对策

保育管理中主要存在两个问题：一个是教育问题；一个是供餐问题。

目前我国多数托育机构的前身为早教机构或幼儿园。早教机构虽然有3岁以下婴幼儿亲子活动的设计与实施经验，但是亲子活动的教育对象更多的是家长，因此并没有只针对3岁以下婴幼儿的教育经验；幼儿园则只有3岁以上幼儿的教育经验，缺乏对3岁以下婴幼儿心理行为特点的把握，因此在3岁以下婴幼儿教育活动中面临诸多困难。很多托育机构还在摸索当中，更愿意自主开发课程，但这种课程既没有形成课程体系，也没有得到有效性的验证。

第一，国外先进国家在3岁以下婴幼儿教育方面比较成熟，我们可以借鉴国外先进的教育模式及方法。第二，要与高校、研究所等紧密合作，课研结合。第三，托育机构工作人员要加强对3岁以下婴幼儿生理心理发展基础理论的学习，为其提供合适的游戏活动。

供餐方面，目前大多数机构在提供餐食，但是很多托育机构并不具备食品经营许可证，婴幼儿的饮食安全得不到有效保障。要加强对托育机构供餐的管理，对不具备食品经营许可证的机构建议利用第三方供餐公司，如符合条件的情况下，给予资金上的补贴和政策上的优惠，鼓励托育机构力求达标。

本章小结

本章主要介绍了托育机构的建筑设计、设置与管理，并对《托儿所、幼儿园建筑设计规范(2019年版)》、《托育机构登记和备案办法(试行)》及《托育机构管理规范(试行)》等文件的内容进行了解读。

《托儿所、幼儿园建筑设计规范(2019年版)》旨在提高保育质量、增加托儿所的增设范围、保障婴幼儿安全及为婴幼儿健康成长提供舒适的生活环境，要求托育机构的建设要考虑安全性、便捷性、覆盖面等多方面因素，遵守婴幼儿优先原则、安全原则、节约环保原则等。《托育机构登记和备案办法(试行)》不仅明确了托育机构的注册流程，大幅提高了审批办理手续，也明确了业务范围，有利于保障婴幼儿的健康和安全。《托育机构管理规范(试行)》的制定有助于托育机构为婴幼儿的安全和健康提供更为有力的保障，也为婴幼儿提供符合其成长规律的规范照护服务。

推荐阅读

1. 中华人民共和国住房和城乡建设部. 托儿所、幼儿园建筑设计规范(2019年版)，北京：中国建筑工业出版社，2019.

推荐理由：所述政策和相关文件需要熟悉，以便更好地掌握所学知识。

2. 洪秀敏，等. 婴幼儿托育机构设置标准的国际经验与启示[M]. 北京：北京师范大学出版社，2020.

推荐理由：本书搜集整理了多个国家为3岁以下婴幼儿提供托育服务的各种类型机构，有针对性地选取了代表性国家和地区托育机构的设置标准，对不同类型托育机构的举办资格、人员配备、建筑设计、安全防护、卫生保健等方面展开了比较分析，能够为我国婴幼儿托育机构的设置与规范发展提供有益的参考与借鉴。

第六章

托育机构的安全与伤害预防

学习目标

1. 了解托育机构应持的安全观。
2. 掌握托育机构安全、工作人员安全及婴幼儿安全的基本内容。
3. 掌握《托育机构婴幼儿伤害预防指南(试行)》的内容。

学习重点

1. 认识托育机构应持的安全观。
2. 掌握《托育机构婴幼儿伤害预防指南(试行)》的内容。

学习难点

掌握《托育机构婴幼儿伤害预防指南(试行)》的内容。

第一节 安全与托育机构

无论是《托育机构设置标准（试行）》《托育机构管理规范（试行）》《托儿所、幼儿园建筑设计规范（2019年版）》还是《托育机构婴幼儿伤害预防指南（试行）》，只要涉及0—3岁婴幼儿的相关文件，都把安全作为第一要素。保障婴幼儿安全是托育机构肩负的重要责任。我们不断在强调安全，但目前婴幼儿照护及教育机构普遍缺乏安全意识，在需要强调安全的地方显得漠不关心，反而在一些生活细节上给予婴幼儿过多保护。那么何谓安全？托育机构应持的安全观是什么？托育机构、工作人员及婴幼儿的安全应该怎么保障？本节将就以上问题进行论述。

一、何谓安全

对于安全一词，国内外很多专家都提出了不同的定义。目前，我国对“安全”的定义也没有得到统一。

吴超等人给出的定义是，安全是指一定时空内理性人的身心免受外界危害的状态[①]。傅贵认为，安全是没有事故发生的状态以及没有不可接受的事故发生风险的状态[②]。AVEN则提出，安全可以被看作风险的反义词（此风险是指活动后果的不确定性和严重性），可以通过参考可接受的风险来确定安全性。[③]

从吴超的定义来看，安全是限定在一个时空内，随着时空的迁移而变化的。例如，在同样的托育机构环境内，对1岁左右刚学会走路的学步儿来说，在硬质地板上走路是危险的，但对于2岁的幼儿来说，在硬质地板上走路并不是什么危险的事情。傅贵拓宽了安全的定义维度，只要是没有事故发生的状态，以及没有重大事故风险，就是安全的。对于这一定义的解读，我们一定要对后者也就是没有重大事故风险做出准确的评估。例如，托育机构的滑梯螺丝松了，虽然没有发生事故，但事故的风险依然存在，这种情况我们也不能视为是安全的。AVEN把安全看作风险的反义词，只要风险在可接受范围内就是安全的。在托育机构中，有些风险是不可避免的。例如，在婴幼儿之间发生冲突，一名幼儿不小心挠伤了另外一名幼儿，虽然保育师会尽心看管，但有时幼儿动作快，会存在

① 吴超，杨冕，王秉．科学层面的安全定义及其内涵、外延与推论[J]．郑州大学学报（工学版），2018，39(3):1-4.

② 傅贵．傅贵教授解析“安全基本术语”[J]．安全，2018，39(6):1-4.

③AVEN T. Safety is the antonym of risk for some perspectives of risk [J]. Safety Science，2009，47(7)：925-930

无法及时制止的情况。虽然这种风险时刻都存在，但因在可接受范围内，因此可以被视作是安全的。

总结以上，我们把安全定义为：在一定环境或条件下，人们免受不可接受的风险的状态。安全就是指没有危险，而危险具有相对性[1]。

资料链接

托育机构负责人的疑惑

2018年10月，复旦大学公共卫生学院组织的“第一届0—3岁婴幼儿托育与早期教育论坛”在上海复旦大学召开。论坛的最后一天，主办方邀请国内外专家实地考察了上海市多家0—3岁婴幼儿托育机构。走访到一家托育机构时，恰巧看到一个5cm左右高度的花坛，花坛边缘由水泥砌成，旁边的小路也是水泥地。负责人向来访的专家问道：“这里是花坛，我们也用来作为孩子们的种植区，但我们有个疑问，现在是否要在花坛周围铺上软质地垫，以免婴幼儿受伤？”来访的专家们纷纷表示没有必要，1岁左右的婴幼儿已经可以理解简单的指令，拥有最初的是非观。危险无处不在，我们需要培养的是婴幼儿对环境的适应能力，而非把所有的危险给婴幼儿去除，从而形成过度保护。因此，托育机构应持正确的安全观，而不是盲目地保护婴幼儿，进而剥夺婴幼儿对世界的探索及适应需求。

二、托育机构应持的安全观

成人由于积累了丰富的生活经验，在一定程度上可以预测潜在的危险及其后果，因此，喜欢用自己的标准预防危险情况的发生。0—3岁婴幼儿对世界的认识不足，生理心理发展不成熟，缺乏生活经验，对危险的识别能力低，很多时候当危险来临时也无法正确判断并采取有效措施。据婴幼儿所处情况，托育机构有责任及义务保护婴幼儿的安全，但问题在于保护过程中应存在一定的限度和方式，而不是以“安全”的名义限制了婴幼儿的发展。那么，托育机构应持的安全观有哪些呢？

1. 基于婴幼儿生理心理行为特点的安全观

美国心理学家沃克和吉布森（R.D.Walk & E.J.Gibson）对36名年龄在6—14个月之间的婴儿做了深度知觉测验（图6-1-1）。实验设置了一张1.2m高的桌子，顶部是一块透明的厚玻璃。桌子的一半（代表浅滩）是用红白图案组成的结实桌面，另一半是同样的图案，但它在桌面下面的地板上（代表深渊）。在浅滩

①张利洪. 对当前我国学前教育质量观的反思[J]. 教育导刊(下半月),2014(03):4.

边上，图案垂直降到地面。虽然从上面看是直落到地上的，但实际上有玻璃贯穿整个桌面。实验中，大部分婴儿拒绝穿过视崖，他们远离母亲爬向浅的一侧，或因为不能够到母亲而大哭起来。这说明婴儿已经意识到视崖深度的存在，对危险具有一定的感知能力，所以不敢继续向前爬。

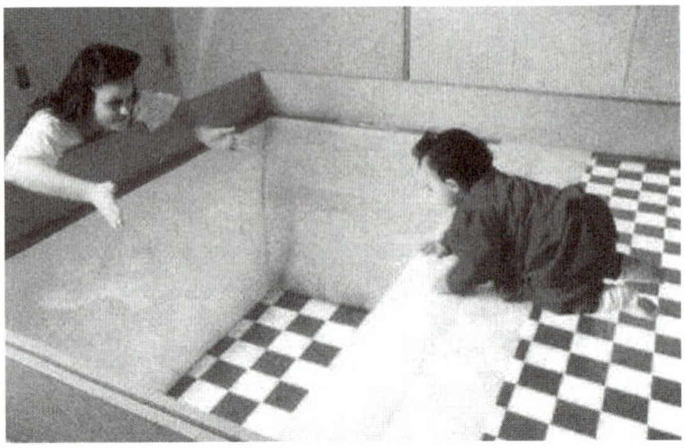

图6-1-1　深度知觉测验

那么，如果6个月左右的婴幼儿已经具备了对危险的意识，但为什么仍然会有那么多婴幼儿摔倒呢？这是因为婴幼儿的深度知觉能力比他们的行动技能成熟得早。也就是说，虽然有时他们感知到了危险，但他们的四肢似乎并不是“很听话”。

因此，保育师要对婴幼儿生理心理行为发展状况有准确的把握，根据婴幼儿每一个阶段的生理及心理行为发展状况，给予适当的保护。例如，当爬楼梯时，对于1岁半左右的婴幼儿，可以要求他们四肢并用并给予示范，但对于2岁左右的幼儿，要求扶好栏杆即可。

2. 正确区分“危险”的安全观

不是说“危险”的物品或游戏就绝对不能碰。在托育机构里，常常看到一些教师以“安全”的名义取消各种所谓危险的活动，例如在附近的公园散步、玩沙等户外活动或串珠子等可以锻炼婴幼儿精细动作的活动。不让婴幼儿接触这些活动，看起来是一切为了安全，但实质上是托育机构怕出事，怕担责。在托育机构这种常态化的运作中，婴幼儿无法获得真正的自由，游戏权和参与权常常被剥夺，结果导致婴幼儿的探索欲望降低，做事过于依赖大人，甚至影响婴幼儿全方位的发展。

因此，托育机构应持正确的安全观，在可控范围内，尽量还给婴幼儿自由。例如，小年龄阶段（1岁半）婴幼儿玩沙时不要坐得过于密集，以小组为单位，围坐在一起，由一位保育师看管少量的孩子，眼睛不能离开他们。同样，玩串珠游戏时，玩具要即拿即收，在收纳前后要进行点数，在幼儿操作过程中，反复进行安全提醒，不得移开视线。

3. 安全教育中的安全观

对婴幼儿实施安全教育必不可少。根据班杜拉对观察者观察学习的不同水平的划分，婴幼儿处于直接的观察学习，即学习者对示范行为进行简单模仿的阶段。1岁左右开始，幼儿不仅可以通过模仿进行简单的学习，在理解他人情绪情感方面也有了一定的发展，能理解简单的禁止指令。虽然3岁以下的婴幼儿不一定能明白为什么会被禁止，但依然会听从大人的禁止指令。因此，在这一年龄阶段并不一定要用专门的时间进行安全教育，但可以在生活场景中，通过“示范—模仿—禁止”的形式来对婴幼儿进行简单的安全教育。

4. 家园统一的安全观

托育机构的工作人员要与家长紧密联系，统一对安全的认识。托育机构的很多活动无法进行，和家长不无关系。例如，很多家长认为使用剪刀非常危险，不让幼儿使用剪刀，导致有些幼儿到了4岁都没有使用过剪刀。这样的案例在托育机构内并不少见。迫于家长对婴幼儿过度保护的要求，托育机构无法正常开展相应的活动。因此，统一安全观非常重要，托育机构在正确理解安全观的同时，也要定期对家长进行指导，让家长也认识到什么是科学的安全养育。

对婴幼儿而言，保障安全是必须的。托育机构要在保护婴幼儿的身心安全的前提下，尊重和培养婴幼儿全方位的发展，让婴幼儿接触世界，适应世界，而不是一味地过度保护。

三、确保托育机构安全的措施

（一）托育机构安全制度与安全设施

托育机构本身的安全包含两个方面：一是安全制度；二是安全设施。

1. 安全制度

首先，托育机构应建立安全制度，落实安全管理主体责任，由托育机构负责人及机构法人承担安全工作的第一责任人。第一责任人要对婴幼儿的安全负责，对内要对工作人员进行监督及追责；对外要与家长沟通，负责做好事件的全程跟进。行为规范制度方面，严禁从业人员做出虐待、歧视、体罚或变相体罚幼儿等损害幼儿身心健康的行为。

其次，托育机构应当建立安全保卫等监控体系。监控报警系统确保24小时设防，婴幼儿生活和活动区域应当全覆盖。

最后，托育机构应当制订重大自然灾害、传染病、食物中毒、踩踏、火灾、暴力等突发事件的应急预案，定期对工作人员进行安全教育和突发事件应急处理能力培训，要明确专兼职消防安全管理人员及管理职责，加强消防设施维护管理，确保用火用电用气安全。

2. 安全设施

为了做好安全防护工作，机构应配备安全防范设备及消防设备等安全设施。机构应配置安全技术防范系统和智能安防系统，确保监控系统全面覆盖婴幼儿活动区，安防系统随时有效运行。另外，根据场地实际，也可设置电子巡查系统。托育机构的门卫室及负责安保的办公室须安装紧急报警装置，并根据消防要求，配置相应的消防设备。

（二）托育机构工作人员的安全

托育机构工作人员应当掌握急救的基本技能和防范、避险、逃生、自救的基本方法，在紧急情况下必须优先保障婴幼儿的安全。通过提高安全意识、安全教育及技能培训等措施，确保托育机构工作人员的安全。

1. 提高安全意识

提高托育机构工作人员的安全意识，让其保持居安思危的观念。在托育机构，伤害事故并不常见，所以很多保育师会放松警惕，甚至就算发生了事故，也会认为事故发生是偶然的。托育机构工作人员要时刻对危险保持警惕，要充分认识到安全的重要性，了解安全事故的特点，在日常生活中预防安全事故的发生。

2. 接受安全教育

目前在我国，无论是育婴师培训还是保育师培训，或是幼儿教师培训课程体系中，安全教育课程极为薄弱，一般只有卫生健康教育，很少有单独的安全教育。卫生教育方面，虽然会有一些婴幼儿急救术相关内容，但偏理论学习，很少有实操训练，安全教育往往不到位。托育机构要根据上述安全教育制度，对工作人员进行安全教育。工作人员接受安全教育既是责任，也是义务。工作人员要定期参加安全教育讲座，学习大量的案例及处理方式。例如，知道危险物品的种类，掌握应急操作的规范与程序，学会评价危险程度，认识到操作不规范会导致的后果。

3. 安全技能培训

理论学习在危险真正来临时未必能起到作用，所以要在日常工作中对工作人员进行操作训练。操作训练应连续不断地进行，入职培训及职后培训中均要涉及安全技能方面的培训。尤其是紧急情况下的应急反应与操作能力的培养，既能将婴幼儿受到的伤害降到最低限度，也能让工作人员得到自我保护。

（三）托育机构照护过程安全

总结国内外0—3岁婴幼儿安全防护内容，对于保障婴幼儿的安全，大体上是从两个方面着手：一是环境方面的安全；二是日常照料过程中的安全。

1. 环境安全

环境安全包括活动区安全，玩具材料、睡眠设施、食品安全等。

（1）活动区安全

建议将游戏区等活动区设置在一楼，避免婴幼儿因高空坠落造成伤害。在活动区要准备安全的设施设备，每天使用前须进行检查，保证没有损坏的地方。

（2）玩具安全

首先，在玩具材料方面，须采购安全材质的玩具，并定期进行清洁消毒及维修。其次，玩具的大小及功能属性要适合婴幼儿玩耍。最后，玩具的材料应符合婴幼儿生理心理发展的需求。

（3）睡眠安全

所有睡眠用具（枕头、垫子、被子等）的大小及尺寸应适合婴幼儿，并有助于其睡眠。要根据气候变化提供厚度适宜的被子，并定期清洁。如果给婴幼儿提供床，床要坚固，要防水防潮。寝具被弄脏后要及时清洁和消毒，并定期更换。

（4）食品安全

为婴幼儿提供安全、健康的膳食，以保证其健康成长。尽量做到当天购买的食材当天使用，如果需要存放，就要根据食材属性，妥善保管，保管不当很容易引起变质、腐败。使用食材时要确认生产日期，婴幼儿肠道功能薄弱，不可食用过期食品。要时刻防止婴幼儿食物中毒。

2. 照料安全

第一，要时刻保障婴幼儿在保育师的视线范围内，不可随意让外部人员进入机构。当婴幼儿放学时，要亲手把婴幼儿交给书面授权的人员，婴幼儿才可离开机构。第二，把可能对婴幼儿造成伤害的材料及工具放在婴幼儿无法触碰的地方。第三，在婴幼儿使用的楼梯、水池等地方设置足够的防护设施。第四，采取一定的预防措施，防止传染病的传播，对体弱婴幼儿格外关注。

第二节

《托育机构婴幼儿伤害预防指南(试行)》解读

伤害是威胁婴幼儿健康的重要因素之一,很多情况下,伤害一旦造成便是不可逆的。婴幼儿伤害的发生与自身生理心理行为特点、周围环境等因素有关。托育机构要肩负起预防伤害发生的重任。为了切实做好伤害防控工作,不仅要建立伤害防控监控制度,制定伤害防控应急预案,还要对婴幼儿的监护人进行事故预防启发教育。当意外发生后,照顾婴幼儿的所有工作人员应当联合家长共同应对,工作人员自身应具备发生事故时的应急处理能力。

一、《托育机构婴幼儿伤害预防指南(试行)》制定的背景和意义

守护婴幼儿安全是托育机构的重中之重。根据《国务院办公厅关于促进3岁以下婴幼儿照护服务发展的指导意见》的要求,依据国家卫生健康委员会《托育机构设置标准(试行)》和《托育机构管理规范(试行)》,2021年国家卫生健康委员会发布了《托育机构婴幼儿伤害预防指南(试行)》(以下简称"《指南》")。《指南》不仅为托育机构最大限度地保护婴幼儿的安全作出指导,也为托育机构对婴幼儿提供科学、规范的照护服务提供了有效依据。

二、《指南》的解读

(一)婴幼儿窒息预防

窒息是指呼吸道内部或外部障碍引起血液缺氧的状态。常见的婴幼儿窒息原因包括被床上用品、成人身体、塑料袋等罩住口鼻;吸入和咽下食物、小件物品、呕吐出的胃内容物等阻塞气道;绳带等绕颈造成气道狭窄;长时间停留在密闭空间导致缺氧等。根据近年来日本厚生劳动省的统计,在托育过程中,窒息死亡事故最多的是0—2岁婴幼儿,而在睡眠状态中窒息死亡的案例最多。当氧气未供应到大脑超过3分钟,将会留下严重的后遗症,超过5分钟,将面临死亡(图6-2-1)。

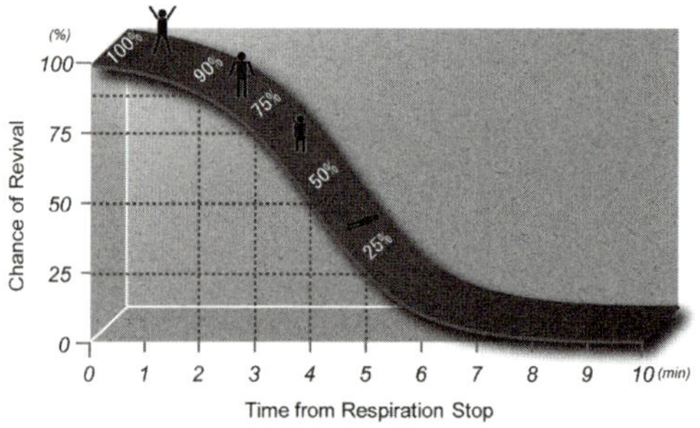

图6-2-1 呼吸停止时间与苏醒的可能性

1.定期排查婴幼儿生活环境和娱乐运动设备

将绳带、塑料袋、小块食物、小件物品等可导致婴幼儿绕颈或窒息的物品放在他们接触不到的位置。婴幼儿在娱乐运动设备上玩耍时，要加强看护，避免拉绳、网格（图6-2-2）等造成窒息。排除护栏、家具、娱乐运动设备中可能卡住婴幼儿头颈部的安全隐患。在橱柜、工具房等密闭空间设置防护设施，防止婴幼儿进入。

图6-2-2　带网格的攀爬架

2. 婴幼儿睡眠、喂养照护与管理

1岁以下的婴儿在睡眠中死亡的案例较多，因此，睡眠时保育师要格外注意婴幼儿的安全。第一，睡眠时绝对不能让婴幼儿保持俯卧睡姿，要注意调整姿势，让其保持仰卧睡姿。第二，午睡时为了看到孩子的表情，要让孩子在明亮的房间里睡觉，不使用遮光窗帘或遮光布。第三，使用计时器等时刻确认呼吸。对于0—1岁的婴幼儿要每5分钟确认一次呼吸，对1岁以上婴幼儿要每10分钟确认一次呼吸。第四，检查其口鼻是否被床上用品、衣物等覆盖，如有要及时清除。

在饮食方面，喂食易引起窒息的食物有蛋类、水果类等（图6-2-3），因为婴幼儿的会厌软骨不像成人那么灵敏，饮食过程中容易呛，所以婴幼儿进食时让其保持安静，不要边吃饭边说话，避免跑跳、打闹等。

图6-2-3　有窒息危险的食物

3. 婴幼儿服饰、玩具安全管理

婴幼儿的嘴能吞下直径39mm的物体，因此，独立玩耍用的玩具不能过小，以防婴儿把玩具吞下，导致窒息等危险。保育师要时常确认玩具的零部件是否完整，使用玩具、儿童用品等前后，检查有无零件、装饰物、扣子等破损、脱落或丢失。

图6-2-4　39mm以下的常见危险物品

4. 对工作人员进行预防婴幼儿窒息的安全教育和技能培训

要让工作人员熟知日常生活中容易引起婴幼儿窒息的物品及场景，尽可能地避免。要对工作人员进行窒息应对相关技能培训，例如，让工作人员掌握海姆立克急救法①，当婴幼儿遇到危险时可及时应对。

（二）婴幼儿跌倒伤预防

跌倒伤是指一个人因倒在地面、地板或其他较低平面上的非故意事件造成的身体损伤。常见的婴幼儿跌倒伤原因包括：滑倒；从家具、楼梯或娱乐运动设备上跌落；从阳台坠楼等。婴幼儿正处于运动能力的发展阶段，跌倒较常见，托育机构应加强防护，预防婴幼儿跌倒伤。

1. 定期排查婴幼儿生活环境和娱乐运动设备

供婴幼儿活动的地面应平整、防滑、无障碍、无尖锐突出物，宜采用软质地坪（1岁半以下）。婴幼儿活动室及睡眠区等要清除可能绊倒婴幼儿的家具、电线、玩具等物品。规范安装娱乐运动设备，设备周围地面使用软质铺装。婴幼儿使用娱乐运动设备过程中，工作人员应加强看护，与其保持较近距离并确保婴幼儿在视线范围内。在窗户、楼梯、阳台等周围不摆放可攀爬的家具或设施。墙角、窗台、暖气罩、窗口竖边等锐角处应改成圆角，家具选择圆角或使用保护垫，避免婴幼儿跌倒受伤。

2. 婴幼儿玩耍娱乐、上下楼、睡眠等活动的安全照护与管理

楼梯处要装楼梯门（图6-2-5），确保婴幼儿不能打开。婴幼儿床要设有护栏，或可直接在地面铺上厚垫，睡在垫子上以免跌落受伤。婴幼儿上下楼梯时，工作人员应加强看护，与其保持较近距离并确保婴幼儿在视线范围内。婴幼儿玩耍运动前，对玩耍运动环境、设备设施进行安全性检查。

---

① 海姆立克急救法：利用冲击腹部、膈肌下软组织产生向上的压力，压迫两肺下部，从而驱使肺部残留空气形成一股气流。这股带有冲击性、方向性的长驱直入于气管的气流，能将堵住气管、喉部的食物硬块等异物驱除，使人获救。

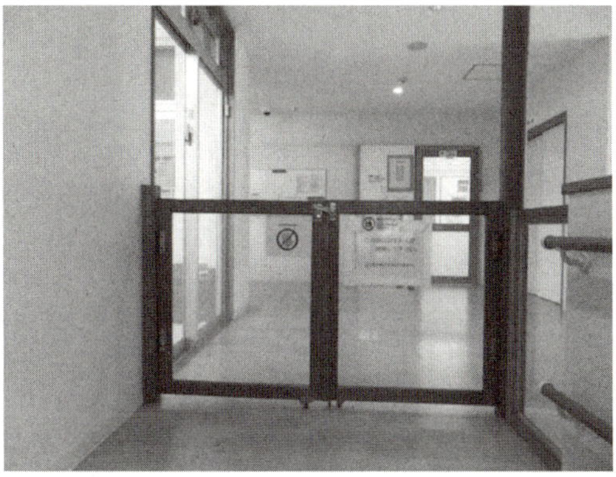

图6-2-5 防止婴幼儿打开的楼梯口门

3. 婴幼儿服饰、玩具安全管理

工作人员要与家长沟通，为婴幼儿选择适宜活动的鞋、衣服等服饰。婴幼儿的鞋不宜过大或过小，比脚长1cm，也就是婴幼儿穿上鞋过后，从脚后跟能放进成人一根手指的大小就可以。鞋过大或过小都会限制婴幼儿的自由活动，严重时可导致脚部变形。为婴幼儿选择衣服时，要选择宽松、舒适的面料。为了让婴幼儿充分运动，女生尽量不要穿长裙。

为婴幼儿换尿布、衣物时，工作人员应专心看护，始终与其保持近距离，中途不能离开，以防坠落，造成伤害。

4. 工作人员预防婴幼儿跌倒伤的安全教育和技能培训

定期为员工进行防跌倒伤的安全教育讲座，统计每一年发生的事故案例，并对案例进行分析，让工作人员参与防止此类事故的探讨。此外，模拟演练也是必不可少的。

(三)婴幼儿烧烫伤预防

烧烫伤是由热辐射导致的对皮肤或者其他机体组织的损伤，包括皮肤或其他组织中的部分或全部细胞因热液（烫伤）、热的固体（接触烧烫伤）、火焰（烧伤）等造成的损伤以及由放射性物质、电能、摩擦或接触化学物质造成的皮肤或其他器官组织的损伤。常见的婴幼儿烧烫伤原因包括热粥、热水等烫伤，取暖设备等烫伤，蒸汽高温等烫伤，火焰烧伤等。

1. 定期排查和清除婴幼儿生活环境中的烧烫伤风险

首先要设置专门区域存放热水、热饭菜、温奶器、消毒锅等物品，在专用房间放置开水炉，并设置防护措施防止婴幼儿接触。其次，使用门栏或护栏等防止婴幼儿误入厨房、浴室等可能造成烧烫伤的区域。桌子、柜子不使用桌布等覆盖物，以避免婴幼儿拉扯桌布，导致热源物倾倒、坠落。再次，化学用品、打火机、火柴等物品专门保管并上锁，以免婴幼儿打开。最后，不使用有明火的蚊香驱蚊。此外,需要加热、取放热物时观察周围有无婴幼儿,避免因碰撞、泼洒造成烫伤。

2. 婴幼儿进食、玩耍娱乐、洗浴清洁等活动照护与管理

婴幼儿饮食前要检查温度,提供给婴幼儿的食物不宜过热。玩耍、娱乐活动中不可以有引起火或者过烫的材料。例如,进行食育活动时,给婴幼儿提供的食材不宜过烫(剥鸡蛋时提供的鸡蛋不能太烫),也不能让婴幼儿操作加热过程。盥洗前也要检查温度,设置热水器出水最高温度应低于45摄氏度,以免水温过高,一旦操作不当容易烫伤婴幼儿。

3. 婴幼儿玩具用品、电器、取暖设备安全管理

安全使用暖水袋等可能造成婴幼儿烫伤的用品,不可使用暖风机等取暖器。电器的电线要合理布线,不能绊倒婴幼儿。

4. 工作人员预防婴幼儿烧烫伤的安全教育和技能培训

首先,要让工作人员熟知日常生活中容易引起婴幼儿烧烫伤的物品及场景,尽可能地避免。其次,要对工作人员进行烧烫伤应对相关技能培训,例如被热水烫伤时,第一时间用大量流动的清水清洗。最后,还应定期进行模拟演练,加深印象,巩固学习。

(四)婴幼儿溺水预防

溺水是因液体进入而导致呼吸损伤的过程。常见的婴幼儿溺水地点包括浴缸、水盆、水桶等室内设施和池塘、游泳池等室外场所。

1. 定期排查和清除婴幼儿生活环境中的溺水风险

托育机构内的池塘、沟渠、井、鱼缸、鱼池、涉水景观等要安装护栏、护网。水缸、盆、桶等储水容器加盖,避免婴幼儿进入储水容器所在区域。

2. 婴幼儿洗浴清洁、玩耍等活动照护与管理

使用完水池、浴缸、盆、桶后及时排水,婴幼儿在水中或水边时,工作人员应专心看护,始终与其保持近距离,中途不能离开。

3. 工作人员预防婴幼儿溺水的安全教育和技能培训

首先,要让工作人员熟知日常生活中容易引起婴幼儿溺水的场景,尽可能地避免。其次,要对工作人员进行溺水应对相关技能培训,例如人工呼吸法等。最后,还应定期进行模拟演练,加深印象,巩固学习。

(五)婴幼儿中毒预防

中毒是指因暴露于一种外源性物质造成细胞损伤或死亡而导致的伤害。常见的毒物包括农药、药物、日用化学品、有毒植物、有毒气体等。本书的中毒指急性中毒,不包括慢性中毒。

1. 定期排查和清除婴幼儿生活环境中的中毒风险

第一，规范使用消毒剂、清洁剂，不可超量使用，使用后必须用清水再次清洁，不要把残留物留在物品表面。第二，使用煤火取暖的房间应有窗户、风斗等通风结构，并保证正常工作，正确安装、使用符合标准的燃气热水器。第三，托育机构内不允许种植有毒植物，不准饲养有毒动物。第四，玩具及生活用品应安全无毒，同时工作人员要关注婴幼儿的啃咬行为，避免婴幼儿因啃咬而导致中毒。第五，在饮食方面也要注意避免有毒食物引起婴幼儿中毒，例如有毒蘑菇、未彻底加热煮熟的扁豆等。

2. 婴幼儿安全用药

托育机构内的药物、日用化学品等要存放在婴幼儿无法接触的固定位置，以免婴幼儿误吞而导致中毒。

3. 工作人员预防婴幼儿中毒的安全教育和技能培训

首先，要让工作人员熟知日常生活中容易引起婴幼儿中毒的物品及食物，尽可能地避免婴幼儿接触。其次，要对工作人员进行中毒应对相关技能培训，并告诉工作人员必要时要及时送医。最后，还应定期进行模拟演练，加深印象，巩固学习。

（六）婴幼儿异物伤害预防

异物伤害是指因各种因素导致异物进入体内，并对机体造成一定程度损伤，出现了各种症状和体征，如食道穿孔、气道梗阻、脑损伤等。婴幼儿异物伤害多因异物通过口、鼻、耳等进入身体造成损伤，常见的异物包括食物、硬币、尖锐异物、电池、小磁铁、气球、玩具零件及碎片等。

1. 定期排查和清除婴幼儿生活环境的异物伤害风险

定期检查家具、娱乐运动设备有无易掉落的零件（例如螺丝钉、螺母等）、装饰物，并固定。入园时要检查手中、口袋里是否携带小零件或危险物品。

2. 婴幼儿饮食、玩耍等活动照护与管理

及时收纳可能被婴幼儿放入口、鼻、耳等身体部位的小件物品，及时制止婴幼儿把硬币、电池等小件物品放入口、鼻、耳等身体部位的行为。活动中若使用小件物品，保育师要时刻关注婴幼儿，活动前后要清点数量，以免遗落被婴幼儿捡到。

3. 婴幼儿食物、玩具、儿童用品安全管理

首先，将硬币、电池、小磁铁、装饰品（例如项链、皮筋、耳环等）、文具（例如笔帽、别针）等小件物品放置在婴幼儿接触不到的区域。其次，使用玩具、儿童用品等前后，检查有无零件、装饰物、扣子等破损、脱落或丢失。选择适龄玩具，

不提供含有小磁铁、小块零件的玩具。最后，不提供易导致异物伤害的食物，如含有鱼刺、小块骨头的食物。

4. 工作人员预防婴幼儿异物伤害的安全教育和技能培训

首先，要让工作人员熟知日常生活中容易引起异物伤害的物品，尽可能地避免。其次，要对工作人员进行误吞应对相关技能培训。最后，还应定期进行模拟演练，加深印象，巩固学习。

（七）婴幼儿道路交通伤害预防

道路交通伤害是指道路交通碰撞造成的致死或非致死性损伤。道路交通碰撞是指发生在道路上至少牵涉一辆行进中车辆的碰撞或其他事件。

1. 携带婴幼儿出行的安全管理制度

携带婴幼儿出行时，应严格遵守道路交通法规，密切看管并限制婴幼儿随意活动，要给婴幼儿穿戴有反光标识的衣物。

2. 托育机构内车辆安全使用要求

首先，托育机构要完善车辆行驶、停放安全管理制度，并严格执行。托育机构内将婴幼儿活动区域与车辆行驶和停靠区域要隔离开，并在出入口设立专门安全区域。托育机构出入口与道路间要设置隔离设施。运输婴幼儿出行车辆的驾驶员要根据《校车安全管理条例》，取得相应准驾车型行驶证并具有3年以上驾驶经验，年龄在25岁以上，不超过60周岁。婴幼儿乘坐童车出行时，规范使用童车安全带。

3. 预防婴幼儿道路交通伤害的安全教育和技能培训

首先，要让工作人员熟知日常生活中容易引起交通事故的场景，尽可能地避免。其次，要对工作人员进行交通事故应对相关技能培训。最后，还应定期进行模拟演练，加深印象，巩固学习。

（八）其他伤害预防

除上述伤害类型以外，还要注意动物伤、锐器伤、钝器伤、冻伤、触电等其他类型伤害的预防控制。托育机构应针对本地区3岁以下婴幼儿实际面临的伤害问题，开展伤害防控工作，最大限度地确保婴幼儿健康安全。

（九）婴幼儿伤害紧急处置

在日常生活中，要加强工作人员的急救知识培训。工作人员要掌握基本的急救技能，当发生严重伤害时，要立即呼救并拨打120急救电话。等待救援期间，密切关注婴幼儿的生命体征，在掌握急救技能的前提下先予以现场急救。如情况不严重，可先自行处置，并根据伤害情况决定是否送医，同时通知监护人。

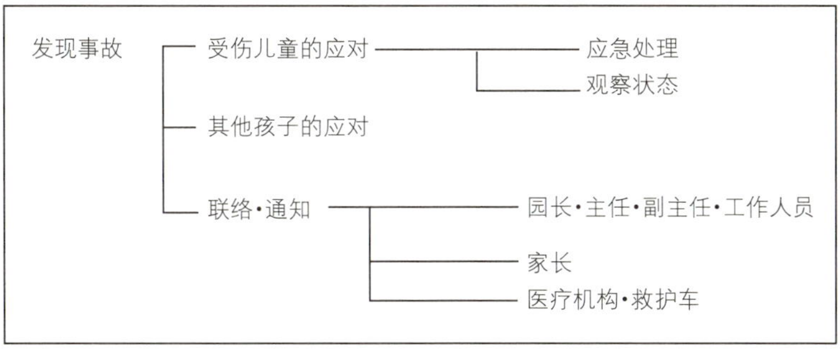

图6-2-6　婴幼儿伤害紧急处置流程

1. 伤害应对方法

首先，园长和主管老师应尽快掌握事故状况，进行记录。要对事故的情况、原因、地点、时间及对孩子的状态（是否出血、跌打损伤、脸色、全身情况）据实记录。其次，要寻求帮助及支援。当遇到婴幼儿伤害时，各部门工作人员分工、协同进行联络并确认应对方法。当情况紧急时，要独自处理、判断并采取必要的措施。如情况比较严重（意识模糊不清，迷迷糊糊；脸色难看，精疲力竭；发生痉挛、抽搐；出血不止；反复恶心、呕吐；误吞化学物质；烫伤、烧伤的面积很大），要及时送医。去医疗机构就诊时，负责人和保育老师要一同前往，在治疗时告诉医生关于孩子的基本情况和既往病历、是否过敏、体重等等。最后，积极应对家长。要向家长详细说明事故发生的情况、相关医院的检查情况、检查结果、以后的就诊、费用等等，寻求家长的理解。无论是什么情况的事故，只要是在托育时间内发生，首先应当真诚道歉，并举一反三，进一步做到细心谨慎。托育机构负责人以及保育负责人等应在事故发生后，迅速做出事故报告书，分析发生事故的情况原因，全体工作人员一起讨论防止的对策，机构内做到更加重视。

2. 伤害应对计划

托育机构负责人及相关负责人应事先制订伤害预防计划，告知工作人员和家长，务必每年修订计划内容。

第一，托育机构负责人及相关负责人要收集记录好儿童既往病历、是否过敏、监护人的紧急联系地址之类的信息，以便在事故发生时使用。第二，托育机构负责人及相关负责人应收集好托育机构附近医疗机构的诊疗内容和诊疗时间等详细信息，告知工作人员。第三，托育机构负责人及相关负责人在日常工作中要掌握园内急救用品、学习急救课程知识的人员情况。第四，托育机构负责人及相关负责人要设想平常园内的设施、玩具、保育教室、庭院里的各种可能发生的事故，务必采取对策排除潜在危险。第五，托育机构负责人及相关负责人把事故发生时的应对措施做成简单易懂的流程图，分发给每个工作人员，使其完全了解熟悉。

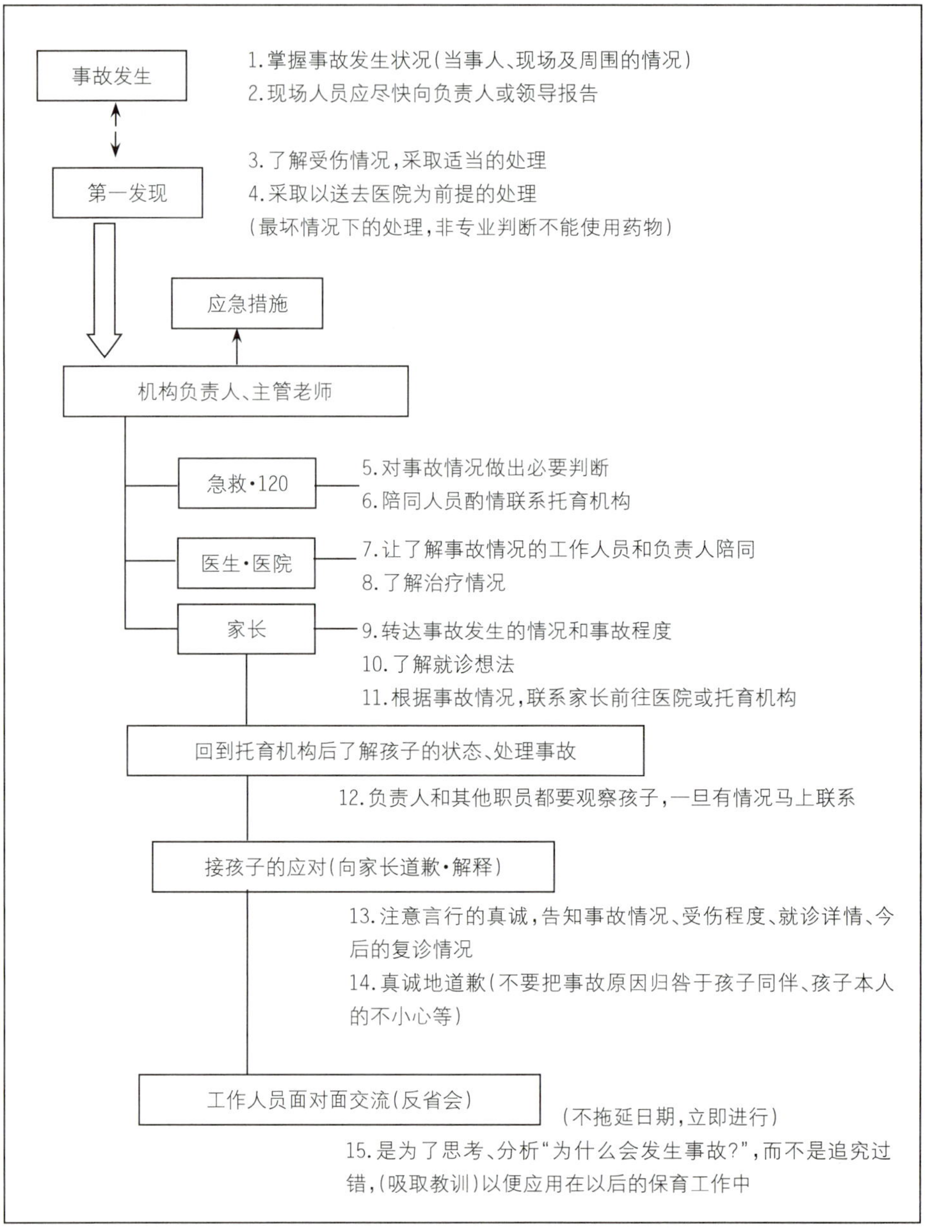

图6-2-7　事故发生时的应对流程图

安全是托育机构工作的重中之重,为了确保托育机构内全员安全,托育机构必须根据已有的规章制度设置机构内的安全制度,并严格实施。

第一,根据现有法律和相关规定,落实安全管理的主体责任,健全细化安全防护制度,认真执行各项安全措施。

第二,排查并去除托育机构内环境安全隐患,提升环境安全水平。

第三,规范和加强对婴幼儿的照护。

第四,开展针对工作人员、家长以及幼儿的伤害预防教育和技能培训。

第五,加强对工作人员的急救技能培训,配备基本的急救物资。

本章小结

保障婴幼儿安全是托育机构首要的责任。树立正确的安全观,托育机构才能在促进婴幼儿全面协调发展的前提下保证幼儿的安全。托育机构应持的安全观有基于婴幼儿生理心理行为特点的安全观,正确区分“危险”的安全观,安全教育中的安全观,家园统一的安全观等。托育机构可通过安全制度、安全设施、提高安全意识、安全教育、安全技能培训等保障机构中的婴幼儿及工作人员的安全。

《托育机构婴幼儿伤害预防指南(试行)》不仅为托育机构保护婴幼儿的安全作出指导,也为托育机构对婴幼儿提供科学、规范的照护服务提供了有效依据。《指南》包含婴幼儿窒息预防、跌倒伤预防、烧烫伤预防、溺水预防、中毒预防、异物伤害预防、交通伤害预防、婴幼儿伤害紧急处置等多项内容,从生活环境中的风险排查、生活活动中的照护与管理(进餐、清洁、睡眠等照护)、设施设备及工作人员对紧急情况的应对(安全教育和技能培训)等方面进行了阐述。

推荐阅读

1. 张利洪 . 对当前我国学前教育质量观的反思[J]. 教育导刊(下半月),2014(03):4.

推荐理由:要保障婴幼儿的安全,首先要理清什么是安全观,此文章中有安全观相关阐述。

2.《托育机构婴幼儿伤害预防指南(试行)》. http://www.nhc.gov.cn/rkjcyjtfzs/s7786/202101/1567222bc85843408693850915575885.shtml

推荐理由:第二节所述政策相关文件需要熟悉,以便更好地掌握所学知识。

第七章

托育机构安全事故及其法律责任

学习目标

1. 了解托育机构中常见的事故及其预防措施。
2. 理解法律责任的含义、分类、归责要件、归责原则。

学习重点

1. 托育机构环境问题引发的事故。
2. 婴幼儿一日活动中的安全问题。

学习难点

法律责任的归责要件和归责原则。

第一节 托育机构安全事故及其预防

托育机构事故与学校事故较为相似,且更具复杂性。学校事故又称学校安全事故或学校伤害事故,而多数学者往往从学生伤害事故的角度出发关注学校安全问题。[①]本书所称托育机构安全事故,指的是在托育机构实施的照护教育活动或者托育机构组织的机构外活动,以及托育机构负有管理责任的场所、其他各种设施内发生的,造成婴幼儿人身损害后果的事故。按照事故的性质来分,托育机构安全事故可分为故意性托育机构安全事故和过失性托育机构安全事故;按照对婴幼儿伤害的程度,托育机构安全事故可分为轻伤安全事故、重伤安全事故和死亡安全事故;按照事故本身的类型,托育机构安全事故可分为园舍建筑安全事故、食品安全事故、消防安全事故、园舍设施安全事故等。本书主要按事故类型讨论。

一、托育机构环境问题引发的事故

(一)园舍安全事故

建筑质量和建筑设施完善是确保托育机构安全的基础因素和指标,它直接关系到师生的生命安全。针对不同年龄阶段幼儿的不同特点,托育机构的建筑设计都有明确的规定。《托育机构设置标准(试行)》规定,“托育机构的场地应当选择自然条件良好、交通便利、符合卫生和环保要求的建设用地,远离对婴幼儿成长有危害的建筑、设施及污染源,满足抗震、防火、疏散等要求。建筑设施的任何一个不完善的地方都有可能给孩子的安全带来隐患。

案例

甘肃省某幼儿园的一名小男孩被卡在幼儿园四楼的窗框外,他人准备施救时男孩掉了下来,导致受伤住院。出现这一安全事故的根本原因是,幼儿园没有在窗户上装防护栏来预防此类事件的发生。[②]

在上述案例中,幼儿被卡在了四楼的窗户外,没有任何的保护措施,导致幼儿从楼上摔了下来。根据国家建筑规范的规定:托儿所或幼儿园不能设在三层以上的建筑物内,原则上幼儿园所在的建筑物可以超过三层,但三层以上的房屋不得用于幼儿寝室、教室,只能当作教师办公室、宿舍等。

---

① 张玉堂.学校安全预警与救助机制理论和实践[M].成都:四川人民出版社,2010:20

②目前关于托育机构本身的事故报道或相关信息比较缺乏,因此本章很多事故来自幼儿园,二者具有较强的参考性。

(二)食品安全事故

对于托育机构饮食安全,国家出台了相应的规章和管理制度监管。例如,《学校食堂与学生集体用餐卫生管理规定》中对学校食堂有严格的规定,“加工食品必须做到熟透,加工后的熟制品应当与食品原料或半成品分开存放,防止交叉感染等。如果违反规定,可能会造成食品安全事故的发生。食品安全涉及原料的采购、食物存储、食品处理及烹饪卫生、个人卫生、器皿卫生等多个环节,每个环节中都可能潜藏着安全隐患。如果不加以注意和预防,可能就会出现安全问题。例如,有的机构在食品原料的采购方面,由于管理者法治观念不强,利益驱使,就从幼儿的伙食费上节省资金,再加之缺乏基本的卫生常识,从食品的采购、储藏到食品加工各环节都没有严格把关,从而导致食物中毒事件的发生。除饮食外,幼儿在饮水中也会存在安全隐患,如饮用水没有达到安全标准、杯具没有消毒等,都有可能对幼儿身体安全造成不利影响。

案例

2010年5月,某市妇联幼儿园在进行晨检过程中,发现儿童出现拉肚子、高烧等不良反应。接着当地许多医院接收了来自此幼儿园出现此症状的幼儿,经检查,幼儿的体征基本平稳,也没有生命危险。后来调查发现是由细菌性食物中毒所引起的幼儿腹泻,查出的罪魁祸首为油焖大虾,里面含有有毒的病菌。

从发生的案例来看,食物发生了变质导致细菌繁殖,而幼儿园又给幼儿提供了腐蚀变质的食物引起幼儿腹泻、发烧,最终引发幼儿的食物中毒事故。

(三)消防安全事故

托育机构管理人员消防安全意识不足,对消防工作的认识仅仅局限于如何使用灭火器的问题,对安全出口管理、用火用电管理、火灾自动报警和自动灭火设施的管理、防火检查方面的规定和要求不懂不会,对存在的不安全因素和隐患也不能及时察觉,遇到火灾就会惊慌失措,甚至连发生火灾时自身如何逃生都不知道,更谈不上正确引导、帮助孩子进行疏散。

案例

2011年5月,南昌市艺术幼儿园突然发生火灾,最终导致15名幼儿惨死的悲剧。后经调查发现,引起火灾的主要原因是掉在过道上正燃烧的蚊香引起火灾。发生火灾的班级是位于幼儿园二楼的小三班宿舍,当时这个班里有17名幼儿住宿。[①]

上述案例中,老师在点燃蚊香以后,放到了离可燃物比较近的地方,而且老

① 张卫东. 幼儿园安全管理及风险防范[M]. 济南:山东大学出版社,2016:11、21.

师在幼儿睡觉后离开时，没有及时进行安全隐患的检查。《托育机构消防安全指南（试行）》指出，托育机构应落实全员消防安全责任制。法定代表人、主要负责人或实际控制人是本单位的消防安全第一责任人，消防安全管理人应负责具体落实消防安全职责。托育从业人员应落实本岗位的消防安全责任。托育机构与租赁场所的业主方、物业方在租赁协议中应明确各自的消防安全责任。

（四）玩教具、设施设备安全问题

幼儿在生活、学习和游戏时，会接触许多的设备设施、玩教具等，这些物品自身安全与否、幼儿是否安全使用等都会带来安全问题。《幼儿园工作规程》第13条规定，幼儿园的设备设施、装修装饰材料、用品用具和玩教具材料等，应当符合国家相关的安全质量标准和环保要求。然而，有的托育机构在玩教具材料、设备设施等方面存在着安全隐患，主要有两个方面。一方面，托育机构中的玩教具、设备设施自身存在安全问题，如有的托育机构在玩教具、设备设施的购置中没有严格执行规定，购买含有毒成分的物品，幼儿在使用时有毒物质会影响其身体健康；有的玩教具的设计不符合幼儿身心发展特点，存在着安全隐患等。另一方面，幼儿没有安全、正确地使用玩教具，也会给幼儿带来安全问题。

（五）托育机构周围环境安全问题

托育机构并不是一个独立的环境，而是处于社会的大环境中。幼儿不仅要经过园所的周边环境，还会利用周边环境中的资源组织活动。托育机构的周围环境中存在的安全隐患，是托育机构很难控制的危险源，但可以做好事故预防措施，预防机制是否健全就成为重要的安全问题。托育机构选址不应置于易发生自然地质灾害的地段；与易发生危险的建筑物、仓库、储罐、可燃物品和材料堆场等之间的距离应符合国家现行有关标准的规定；不应与大型公共娱乐场所、商场、批发市场等人流密集的场所相毗邻；应远离各种污染源，并应符合国家现行有关卫生、防护标准的要求；园内不应有高压输电线、燃气、输油管道主干道等穿过。

调查研究发现，托育机构周边环境如道路交通存在安全隐患，有些托育机构出门就是小摊小贩摊点，由于他们流动性高，社会秩序差，很多商品的质量和卫生得不到保证，如果出了问题很可能找不到责任人。有的托育机构就处在大街、马路边，周围车水马龙，不远处还有公交站点，不符合办园标准。除此之外，一些托育机构周围的不良环境也会引起婴幼儿安全事故的发生。

二、婴幼儿一日活动中的安全问题

（一）入托时的安全事故

婴幼儿在入托时，主要是与家长做好交接，包括对幼儿进行晨检和平安地将幼儿接入教室这两项工作。晨检是比较重要的一项活动,如果老师不能尽职就会出现安全隐患。晨检的目的有两个:防止幼儿将传染病带入;防止幼儿将危险物品带入。一些教师只是看一下幼儿的手和脸,忘记了自己工作的职责,使晨检变成形式。如果幼儿带危险物品进入教室,会使得幼儿安全事件容易出现。幼儿的年龄较小,缺乏自我保护意识,更不理解什么叫危险,他们会按照自己的兴趣把一些有危险性的小物品放到口袋里带入园所,家长可能由于工作或家务较忙没有注意到。此外,有的幼儿将自己喜欢吃的零食放在书包中带入幼儿园,因为吃零食而导致呛、噎、窒息的事件屡见不鲜。

案例

某托育机构的孩子们正有秩序地进入盥洗室洗手,突然有三四个小男孩的嘴上、脸上都在流血。老师们看到这样的情况都蒙了,大家赶紧把医护人员找来,对伤口进行止血处理。后来经询问情况得知,早晨入园时东东偷偷把爸爸刮脸的刀片带来了。在洗手的时候,东东把刀片分给了其他的伙伴,几个孩子也学着大人的样子用刀片刮胡子,才出现这可怕的一幕,多亏老师发现得早,不然后果无法想象。

以上案例就是在晨检时老师检查不到位,没有发幼儿带入教室的危险物品,造成安全事故。

(二)组织游戏活动时的安全事故

《托育机构保育指导大纲(试行)》明确要求,保育工作应当根据婴幼儿身心发展特点和规律,制订科学的保育方案,合理安排婴幼儿饮食、饮水、如厕、盥洗、睡眠、游戏等一日生活和活动,支持婴幼儿主动探索、操作体验、互动交流和表达表现,丰富婴幼儿的直接经验。保育人员在组织游戏活动时,容易出现一些意想不到的安全事故。

案例

2013年6月,某幼儿园5岁幼童丹丹在参加游戏活动时,由于玩得太开心了没有注意其他小朋友,结果被其他小朋友撞到而受伤,经医院诊断为右额挫伤,缝了七针。事后,丹丹的家长多次找到幼儿园解决,幼儿园支付了部分医疗费。丹丹的父母觉得幼儿园没有承担责任,所以要求幼儿园赔偿4万元。此案经石景山法院受理,幼儿园一次性赔偿丹丹6000元。

在本案例中,幼儿在参加集体游戏时玩得太开心,没有注意到周围的环境,而老师也没有加强对幼儿的监管,导致安全事故。在游戏过程中,老师应该让幼儿时刻在自己的视野范围内,并准确讲解玩具的用途和玩玩具的注意事项。

（三）就餐时的安全事故

进餐是幼儿一日生活中最重要的环节。愉快安全地进餐是大家共同的希望，但由于幼儿的发展特点，进餐容易出现问题。有的幼儿因挑食把饭菜含在嘴里久久不愿咽下，有的吃饭狼吞虎咽，还有的会边吃边嬉笑打闹，这都隐藏着危险，需要工作人员时刻注意。比如，食物误入气管、异物卡喉，饭菜的温度过高、餐盆等用具放置不当诱发烫伤，筷子或勺子扎伤眼睛，过敏体质幼儿的饮食未进行特殊处理等。

（四）幼儿午睡时的安全事故

托育机构一天当中的午睡环节，也是容易出现安全事故的环节。保育师应严格执行《午睡安全管理制度》。其一，上床前先如厕，了解每个幼儿上床前的大小便情况。其二，对幼儿进行睡前检查，禁止幼儿把扣子等危险性物品带到床上。其三，检查是否有发烧或异常幼儿。其四，加强睡眠过程巡视与照护，注意观察幼儿睡眠时的面色、呼吸、睡姿，避免发生伤害。

案例

妈妈看到小毛毛很听话，奖励她一串漂亮的项链戴在脖子上。午睡时，老师没有发现她拿着珠子在玩。可是玩着玩着，不小心就被她给弄断了，珠子全都撒落。后来她把其中的小珠子放到了耳朵里，取不出来了。她害怕得哭叫了起来，老师及时把她送到医院，才避免了危险的发生。

（五）离托时的安全事故

离开托育机构是一日活动的最后一个环节，老师和家长经常放松警惕。不少家长接到幼儿之后并不着急离开，而是借机与教师沟通交流，这时幼儿容易逃脱成人的视野跟同伴玩起来，接错孩子、孩子丢失、摔伤撞伤等时有发生。

三、预防婴幼儿安全事故的对策

托育机构人员应和家长共同努力，将安全事故发生的可能降到最低。

第一，托育机构工作人员提高安全意识，不断丰富预防和急救知识，锤炼自己的基本急救能力。

第二，家长对婴幼儿不要溺爱，要培养婴幼儿的安全意识。

第三，家长加强与老师的沟通交流，意识到维护婴幼儿的安全是大家共同的责任。

第四，托育机构规范运营，建立合理的安全制度，并认真执行。

第五，参考国外运用保险的经验，把托育机构的责任风险进行分担，减轻托育机构的赔偿负担。

第二节 托育机构中的法律责任

要对法律责任进行研究，首先需要对其概念进行界定。学者们普遍认为法律责任有广义和狭义之分。广义说认为法律责任是一种义务，狭义说则认为法律责任是过错行为主体应当承担的责任。前者为第一性义务，后者为第二性义务。人们通常从狭义上理解和使用法律责任这一概念，即法律责任是由法律关系主体的违法行为引起的，应当由其依法承担惩罚性法律后果。

一、法律责任的含义

周永坤认为，法律责任是法律规定的责任，是以强制为后盾的特殊社会责任。[①]法律责任不同于道德责任等其他社会责任：第一，法律责任由法律事先明确规定，具有法律规定性，因而，它使行为人在实施行为之前能够预测自己的行为所应承担的责任，从而对行为人履行法定义务起到督促和警诫作用，保证正常稳定的社会关系；第二，法律责任由国家强制力保证实施，具有国家强制性和普遍约束力，任何违法者不得逃避或拒不承担；第三，法律责任的追究是由国家司法机关或国家授权的行政机关来执行的，即法律责任的专权追究性，任何个人或其他组织都无权行使这一职权；第四，法律责任由违法的法律关系主体所承担。

二、法律责任的归责要件

所谓归责，是指法律责任的归结。它要解决的是法律责任应该由谁来承担的问题。法律既然设定了法律责任，就必须解决好归责的问题。根据什么标准来确定法律责任主体呢？根据违法行为的一般特点，可以把法律责任的构成要件概括为违法行为、主观过错、损害事实和因果关系。这就是法律责任主体的归责要件问题。法律关系主体只有具备四个归责要件，才被认定为法律责任主体，才承担相应的法律后果。

（一）违法行为

违法行为是指责任人实施了违反法律、法规的行为。假若行为人的行为没有违法，他就不承担法律责任。违法行为是构成法律责任的前提条件。这个条件包括了两个方面的含义。一方面是指行为的违法性。只有行为违反了现行法律的规定才是违法行为。这种违法行为可以是积极的作为，如殴打、侮辱幼

①周永坤．法理学——全球视野(第四版)[M]．北京：法律出版社，2016:228.

儿，侵占托育机构财产；也可以是消极不作为，如不及时维修危房、拖欠托育人员的工资等。另一方面，违法行为必须是一种行为。人的行为虽然受思想支配，但是如果思想不表现为行为，则并不构成违法。内在的思想，只有表现为外在的行为时，才可能构成违法。

（二）主观过错

所谓过错，是指行为人在实施行为时，具有主观上的故意或过失的心理状态。故意的心理状态，是指行为人明知自己的行为会发生危害社会的结果，但希望或放任这种结果的发生。过失的心理状态，是指行为人在本应避免危害结果发生时，由于疏忽大意或者过于自信而没有避免，以致发生危害结果。例如，在户外活动中，由于教师的疏忽，没有对器材的安全性进行检查，造成幼儿身体损伤，该教师的行为即有过失的因素。

（三）损害事实

损害事实是指一定的行为致使权利主体的人身权利、财产权利以及相关利益受到侵害，并造成财产利益和非财产利益的减少或灭失的客观事实。损害事实包括三大类：一是人身损害事实，二是财产损害事实，三是精神损害事实。违法对社会所造成的损害，有两种情况：一种是违法行为造成了实际的损害，如体罚婴幼儿致其身体受到伤害；另一种是违法行为虽未实际造成损害，但已存在这种可能性，如有关部门明知托育机构房屋有倒塌的危险，却拒不拨款维修。违法行为造成的损害后果，表现为物质性的后果和非物质性的后果。物质性的后果具体、有形、能够计量，如挪用托育机构建设经费，其数额可以计算。非物质性的后果抽象、无形、难以计量，如教师长期冷暴力，造成婴幼儿精神上、心理上长期的伤害，则无法计量。

（四）因果关系

即违法行为是导致损害事实发生的原因，损害事实是违法行为造成的必然结果，二者之间存在着内在的必然的联系。前者决定后者的发生，后者是前者的必然结果。因果关系是承担法律责任的重要条件之一。

三、法律责任的归责原则

认定和归结法律责任必须遵循一定的原则。根据我国法律的规定，适用法律来认定和归结法律责任一般应遵循以下原则：

（一）责任法定原则

根据法律的规定确定责任的范围和程度。责任法定是指只有法律上的明文规定才能成为确认和追究违法责任的依据。对违法责任的确认和追究必须严格依法进行，并严格限制类推适用。违法行为或违约行为发生后，应当按照事先规定的性质、范围程度、期限、方式追究违决者、违约者或相关人的责任。责任法定原则的基本特点为法定性、合理性和明确性，即事先用成文的法律形式明确地规定法律责任。责任法定原则摒弃责任擅断、非法责罚等没有法律依据的行为，强调“罪刑法定”“法无明文规定不为罪”“法无明文规定不处罚”，任何国家机关和社会组织若无法律授权都不能向责任主体课以法律责任。责任法定原则还否定对行为人不利的溯及既往。

（二）因果联系原则

确认违法行为与损害事实之间的因果联系，这是认定法律责任的重要事实依据。为此，还应确认意志、思想等主观方面因素与违法行为之间的因果联系，区分这种因果联系是必然的还是偶然的，直接的还是间接的。这种因果性表现为存在的客观性、因果的顺序性、作用的单向性、内容的决定性。

（三）责任相称原则

责任相称原则是指法律责任的大小、处罚的轻重应与违法行为或违约行为的轻重相适应，做到“罪责均衡”“罚当其罪”，其目的在于发挥法律责任的积极功能，预防违法行为的发生。责任相称原则要求：第一，法律责任的性质与违法行为的性质相适应；第二，法律责任的轻重和种类应当与违法行为的危害或者损害相适应；第三，法律责任的轻重和种类应当与行为人主观恶性相适应。

（四）责任自负原则

违法者应当对自己的违法行为负责，既要使违法者受到法律追究，承担相应的法律责任，也要使无责任者不受法律追究。当然，责任自负原则也不是绝对的，在某些特殊情况下，为了社会利益保护的需要，会产生责任的转移承担问题，如幼儿在托育机构中致其他幼儿受伤，由于幼儿是完全无民事行为能力人，只有由其监护人承担赔偿责任。

四、托育机构中的法律责任分类

按照不同的分类依据，可以把法律责任区分为不同类型的法律责任。在法律实践中，最基本的分类方式是根据法律责任的类型所做的分类，即行政法律责任、民事法律责任和刑事法律责任三种。

（一）行政法律责任

行政法律责任是指行为人因实施行政违法行为而应承担的法律责任，简称行政责任。

1.行政法律责任的特征

行政法律责任的特征有：(1)是行政法律关系主体违反行政法律义务的后果；(2)这种违反义务的行为未超出行政法规定的违法限度；(3)责任措施是由

行政违法行为实施者向国家承担的责任;(4)对于责任承担者来说,是一种否定性的评价;(5)只能由有关的国家机关依照行政法(包括实体法和程序法)规定的条件和程序予以追究。

2.行政法律责任的种类

行政法律责任主要有行政处分和行政处罚两大类。行政处分是国家行政机关依照行政隶属关系,依法对犯有轻微违法失职行为尚不够刑事处罚的国家工作人员的一种纪律处分,包括警告、记过、记大过、降级、撤职、开除等。行政处分属于内部行政行为,由行政主体基于行政隶属关系依法作出,倘若管理相对人不服,行政主体可以强制执行。行政处罚是指行政机关依法对违反行政管理秩序的公民、法人或者其他组织,以减损权益或者增加义务的方式予以惩戒的行为。行政处罚的种类主要有警告、通报批评;罚款、没收违法所得、没收非法财物;暂扣许可证件、降低资质等级、吊销许可证件;限制开展生产经营活动、责令停产停业、责令关闭、限制从业;行政拘留等。

行政处分与行政处罚都属于行政制裁,但它们是两个不同的法律制度,具体表现在:(1)主体不同。行政处分一般都由国家机关行使行政处分权;行政处罚由依照法律、法规、规章规定拥有行政处罚权的特定行政机关实施,并不是每个行政机关都可实施行政处罚。(2)适用对象不同。行政处分是基于被处分者的身份才能产生的一种责任,其对象一般限于行政机关工作人员,即与进行处分的机关有隶属关系。行政处罚的对象是行政管理的相对人,可以是公民、法人或者其他社会组织,行政机关当然也可以成为行政处罚的对象。这些行政管理相对人在受到行政处罚的时候,与行政处罚机关不必存在隶属关系。(3)救济方法不同。对于行政处分,受处分者是不能提起行政诉讼的。但是对于行政处罚,则可以提出行政复议或者行政诉讼。

3.托育机构中的行政法律责任

托育机构中的行政法律责任涉及对象主要为托育机构及其工作人员。托育机构中的行政法律责任涉及事项有食品安全、疫苗预防接种、婴幼儿侵权以及侵犯婴幼儿权益、残疾人保障、违规招生、违反服务标准和规范等。

(1)涉及食品安全、疫苗预防接种与传染病防治的托育机构的行政责任有警告、罚款、停产停业、吊销证照等。食品安全法第一百二十六条规定,学校、托幼机构、养老机构、建筑工地等集中用餐单位未按规定履行食品安全管理责任,由县级以上人民政府食品安全监督管理部门责令改正,给予警告;拒不改正的,处五千元以上五万元以下罚款;情节严重的,责令停产停业,直至吊销许可证。食品安全法第一百二十八条规定,事故单位在发生食品安全事故后未进行处置、报告的，由有关主管部门按照各自职责分工责令改正，给予警告；隐匿、伪造、毁灭有关证据的，责令停产停业，没收违法所得，并处十万元以上五十万元以下罚款；造成严重后果的，吊销许可证。疫苗管理法第九十二条规定，托幼机构、学校在儿童入托、入学时未按照规定查验预防接种证，或者发现未按照规定接种的儿童后未向接种单位报告的，由县级以上地方人民政府教育行政部门责令改正，给予警告，对主要负责人、直接负责的主管人员和其他直接责任人员依法给予处分。《托儿所幼儿园卫生保健管理办法》第二十一条规定，托幼机构未按照规定履行卫生保健工作职责，造成传染病流行、食物中毒等突发公共卫生事件的，卫生行政部门、教育行政部门依据相关法律法规给予处罚。县级以上医疗卫生机构未按照本办法规定履行职责，导致托幼机构发生突发公共卫生事件的，卫生行政部门依据相关法律法规给予处罚。

(2)有关婴幼儿权益保障的托育机构及其工作人员的行政责任形式较为复杂。未成年人保护法第一百一十七条规定："违反本法第十一条第二款规定，未履行报告义务造成严重后果的，由上级主管部门或者所在单位对直接负责的主管人员和其他直接责任人员依法给予处分。"第一百一十九条规定："学校、幼儿园、婴幼儿照护服务等机构及其教职员工违反本法第二十七条、第二十八条、第三十九条规定的，由公安、教育、卫生健康、市场监督管理等部门按照职责分工责令改正；拒不改正或者情节严重的，对直接负责的主管人员和其他直接责任人员依法给予处分。"第一百二十四条规定："违反本法第五十九条第二款规定，在学校、幼儿园和其他未成年人集中活动的公共场所吸烟、饮酒的，由卫生健康、教育、市场监督管理等部门按照职责分工责令改正，给予警告，可以并处五百元以下罚款；场所管理者未及时制止的，由卫生健康、教育、市场监督管理等部门按照职责分工给予警告，并处一万元以下罚款。"残疾人保障法第六十五条规定："违反本法规定，供养、托养机构及其工作人员侮辱、虐待、遗弃残疾人的，对直接负责的主管人员和其他直接责任人员依法给予处分；构成违反治安管理行为的，依法给予行政处罚。"

(3)违规招生、违反服务标准和规范的托育机构的行政责任有警告、罚款、禁业等。教育法第七十六条规定，学校或者其他教育机构违反国家有关规定招收学生的，由教育行政部门或者其他有关行政部门责令退回招收的学生，退还所收费用；对学校、其他教育机构给予警告，可以处违法所得五倍以下罚款；情节严重的，责令停止相关招生资格一年以上三年以下，直至撤销招生资格、吊销办学许可证；对直接负责的主管人员和其他直接责任人员，依法给予处分。人口与计划生育法第四十一条规定，托育机构违反托育服务相关标准和规范的，由卫生健康主管部门责令改正，给予警告；拒不改正的，处五千元以上五万元以下的罚款；情节严重的，责令停止托育服务，并处五万元以上十万元以下的罚款。托育机构有虐待婴幼儿行为的，其直接负责的主管人员和其他直接责任人员终身不得从事婴幼儿照护服务。《托儿所幼儿园卫生保健管理办法》第十九条规定，托幼机构有下列情形之一的，由卫生行政部门责令限期改正，通报批评；逾期不改的，给予警告；情节严重的，由教育行政部门依法给予行政处罚：未按要求设立保健室、卫生室或者配备卫生保健人员的；聘用未进行健康检查或者健康检查不合格的工作人员的；未定期组织工作人员健康检查的；招收未经健康检查或健康检查不合格的儿童入托幼机构的；未严格按照《托儿所幼儿园卫生保健工作规范》开展卫生保健工作的。这里的行政处罚涉及卫生健康主管部门与教育行政部门共同配合的问题，由于《托儿所幼儿园卫生保健管理办法》仅为部门规章，且制定时间早于人口与计划生育法，按照法律效力高于部门规章的原则，当卫生健康主管部门与教育行政部门共同行使对托育机构的制裁时，应以人口与计划生育法为准。

案例

2021年5月，宁波市江北区卫生健康局联合市场监管等部门，对该区甬江街道河东村一家非法经营的托育机构进行了行政执法，要求负责人两周内清退经营场地，并将托育费用全部退还给家长。调查显示，该托育机构由村民的临街住宅改建而成，已开设约半年时间。该机构主要活动区域在二楼，仅有一部木质楼梯，大约1米宽。活动区域一侧窗外是马路，另一侧则是农副产品仓库，所有窗户均封装了防盗窗，也没有消防通道。婴幼儿睡眠区是一个由木板搭建的、不足一人高的阁楼。阁楼下面就是厨房。婴幼儿的餐食，都是由住在村里的所谓老师在自家做好后带过来的。经查，该托育机构没有工商营业执照，没有餐饮许可证，没有通过消防合格备案和卫健托育备案。机构的工作人员没有健康证和保育资质。这样一个资质全无的托育机构，居然招收了10多名2岁半到3岁的婴幼儿。现场取证后，执法人员对机构负责人进行了严肃批评教育，并开具了行政执法文书，要求两周内清退经营场地，将托育费用全部退还给家长，并引导家长到正规托育机构入托。

（二）民事法律责任

民事法律责任是指由于民事主体实施民事违法行为所导致的赔偿或补偿的法律责任，简称民事责任。根据民法典第一百七十九条之规定，承担民事责任的方式主要有：停止侵害；排除妨碍；消除危险；返还财产；恢复原状；修理、重作、更换；继续履行；赔偿损失；支付违约金；消除影响、恢复名誉；赔礼道歉。以上承担民事责任的方式，可以单独适用，也可以合并适用。

1.民事责任的特点

(1)民事责任基于民事违法行为而产生，包括违反合同的民事责任和侵权的民事责任。违反合同的民事责任，是指合同当事人违反合同的规定而应承担的财产责任。侵权的民事责任，是指行为人因侵害他人合法财产权利或人身权利而应承担的财产责任或其他责任。(2)民事责任主要是财产责任。民事法律关系主要调整平等主体之间的财产关系和人身关系。其中，即使是因人身关系而导致的纠纷，如侵犯姓名权、名誉权等，其承担责任方式也可以是财产责任。(3)一定条件下，民事责任可以由当事人协商解决。违法者一般应主动承担，拒不履行时，才由受害人请求人民法院裁决。(4)民事责任既有个人责任，也有连带责任或由相关人负替代责任。

2.托育机构中常见的民事法律责任

托育机构中常见的民事法律责任与行政法律责任有所不同。法律或部门规章对托育机构中的行政法律责任有诸多的专门性条款，而民事法律责任基本没有专门性条款，这可能与民事法律责任的一般性特征具有很大的关联。因此，托育机构中常见的民事法律责任规定首选民法典，其次才是其他法律的规定。

(1)民法典中一般性侵权规定都适合于托育机构，这里仅仅简单呈现关于侵权责任可能涉及托育机构的特别条款。第一，托育机构中婴幼儿造成他人损害的侵权责任由监护人承担，因为婴幼儿是无民事行为能力人。民法典第一千一百八十八条规定："无民事行为能力人、限制民事行为能力人造成他人损害的，由监护人承担侵权责任。监护人尽到监护职责的，可以减轻其侵权责任。有财产的无民事行为能力人、限制民事行为能力人造成他人损害的，从本人财产中支付赔偿费用；不足部分，由监护人赔偿。"第一千一百八十九条规定："无民事行为能力人、限制民事行为能力人造成他人损害，监护人将监护职责委托给他人的，监护人应当承担侵权责任；受托人有过错的，承担相应的责任。"第二，托育机构中成人对婴幼儿造成损害的侵权责任由侵权人承担。民法典第一千一百九十九条规定："无民事行为能力人在幼儿园、学校或者其他教育机构学习、生活期间受到人身损害的，幼儿园、学校或者其他教育机构应当承担侵权责任；但是，能够证明尽到教育、管理职责的，不承担侵权责任。"第一千二百零一条规定："无民事行为能力人或者限制民事行为能力人在幼儿园、学校或者其他教育机构学习、生活期间，受到幼儿园、学校或者其他教育机构以外的第三人人身损害的，由第三人承担侵权责任；幼儿园、学校或者其他教育机构未尽到管理职责的，承担相应的补充责任。幼儿园、学校或者其他教育机构承担补充责任后，可以向第三人追偿。”

案例

王萌和韩非是某幼儿园的同班小朋友。在一次早锻炼活动时，王萌不小心把飞盘扔到了韩非的身上，两人由此发生争吵，继而发展成扭打，期间一直没有老师前来制止。扭打过程中，王萌再次把飞盘扔向韩非，飞盘碰伤了韩非的眼睛。经医生诊断，韩非视力下降，需要上万元的治疗费。韩非的家长要求王萌的家长和幼儿园共同赔偿，遭到对方拒绝，于是告到法庭。

本案中，王萌作为肇事者，致使韩非视力下降，但他年龄小，属于无民事行为能力者，而王萌的家长作为他的监护人，要承担相应的民事责任。同时，幼儿园对园内正常参与活动的幼儿负有临时的监管责任，在幼儿发生争执时，老师没有及时制止和协调解决矛盾，幼儿园有明显的过失。法院判决幼儿园一方承担60%的医疗费，王萌的父母承担40%的医疗费。①

（2）托育机构中涉及传染病传播、校舍侵占等民事责任。传染病防治法第七十七条规定：“单位和个人违反本法规定，导致传染病传播、流行，给他人人身、财产造成损害的，应当依法承担民事责任。”教育法第七十二条规定，侵占学校及其他教育机构的校舍、场地及其他财产的，依法承担民事责任。

（三）刑事法律责任

刑事法律责任是指由于实施刑事违法行为所导致的受刑罚处罚的法律责任，简称刑事责任。刑事责任是一种惩罚最为严厉的法律责任。刑罚分为主刑和附加刑。主刑分为管制、拘役、有期徒刑、无期徒刑和死刑。附加刑分为罚金、剥夺政治权利、没收财产。

1.刑事法律责任的特点

刑事法律责任的特点有：第一，承担刑事法律责任的依据是严重违法行为，即由犯罪行为引起，其社会危害性大；第二，认定和追究刑事法律责任的是审判机关，即只有人民法院按照刑事诉讼程序才能决定行为人是否应承担刑事法律责任，其他机关没有这项权力。

2.托育机构中常见的刑事法律责任

托育机构中常见的刑事法律责任可能涉嫌强奸罪，猥亵儿童罪，虐待被看护人罪，招收公务员、学生徇私舞弊罪，投放危险物质罪，教育设施重大安全事故罪，消防责任事故罪，不报、谎报安全事故罪等。刑法第二百三十六条规定：“以暴力、胁迫或者其他手段强奸妇女的，处三年以上十年以下有期徒刑。奸淫

① 张燕，邢利娅．幼儿园管理案例及评析[M]．北京：北京师范大学出版社，2002:42.

不满十四周岁的幼女的，以强奸论，从重处罚。强奸妇女、奸淫幼女，有下列情形之一的，处十年以上有期徒刑、无期徒刑或者死刑：(一)强奸妇女、奸淫幼女情节恶劣的；(二)强奸妇女、奸淫幼女多人的；(三)在公共场所当众强奸妇女、奸淫幼女的；(四)二人以上轮奸的；(五)奸淫不满十周岁的幼女或者造成幼女伤害的；(六)致使被害人重伤、死亡或者造成其他严重后果的。”根据《最高人民法院、最高人民检察院、公安部关于当前办理强奸案件中具体应用法律的若干问题的解答》(1984年4月26日，后简称为《解答》)的规定，奸淫幼女罪是指与不满十四周岁的幼女发生性的行为。其构成要件为：第一，被害幼女的年龄必须是不满十四周岁；第二，一般地说，不论行为人采用什么手段，也不问幼女是否同意，只要与幼女发生了性的行为，就构成犯罪；第三，只要双方生殖器接触，即应视为奸淫既遂。

刑法第二百六十条之一规定：“对未成年人、老年人、患病的人、残疾人等负有监护、看护职责的人虐待被监护、看护的人，情节恶劣的，处三年以下有期徒刑或者拘役。单位犯前款罪的，对单位判处罚金，并对其直接负责的主管人员和其他直接责任人员，依照前款的规定处罚。有第一款行为，同时构成其他犯罪的，依照处罚较重的规定定罪处罚。”北京青少年法律援助与研究中心曾对2011年至2013年媒体报道的512个校园保护案件进行了调研，其中教师体罚学生案件占到22.46%，教师歧视、侮辱等侵犯学生人格尊严的案件占6.84%，两种情况的比例就高达校园保护案件的29.3%。对这类行为，理应予以严惩，以预防类似事件的发生。但在司法实践中，之前的刑法对这类行为无法发挥有效作用，原因是缺乏合适的罪名追究其刑事责任。过去虐待罪的主体为家庭成员，而教师等人员不符合虐待罪的主体条件。修正后的刑法对这个问题给予了积极回应，增设了虐待被监护、看护人员罪。一是明确了该罪被害人的范围包括未成年人、残疾人等需要监护和看护的人；二是扩大了虐待的主体范围；三是提高了法定刑，由虐待罪的两年提高到三年；四是规定了本罪与其他罪名竞合时依照处罚较重的规定定罪处罚。人口与计划生育法针对婴幼儿保护作了特别规定，第四十一条第二款规定：“托育机构有虐待婴幼儿行为的，其直接负责的主管人员和其他直接责任人员终身不得从事婴幼儿照护服务；构成犯罪的，依法追究刑事责任。”

案例

2017年11月22日，北京市朝阳区红黄蓝新天地幼儿园有家长报警称，怀疑其孩子在幼儿园内受到教师侵害。25日下午，北京警方通报北京红黄蓝幼儿园涉嫌虐童事件的最新情况，涉事幼儿园教师已经被刑拘，公安机关正在进一步调查中。此外，在2015年，吉林四平红黄蓝幼儿园也发生过一起虐童案，四名被告人身为幼儿教师，多次采用扎刺、恐吓等手段虐待被监护幼儿，情节恶劣，其行为均构成虐待被监护人罪，判处王某、孙某有期徒刑两年六个月，判处王某、宋某有期徒刑两年十个月。被害儿童每个人都得到了三万元的精神抚慰金。但经律师介绍，虽然案件已经过去了一段时间，受害儿童的身心健康却受到了严重影响。[①]

托育机构中可能出现投放危险物质的犯罪行为，涉嫌投放危险物质罪。刑法第一百一十四条规定："放火、决水、爆炸以及投放毒害性、放射性、传染病病原体等物质或者以其他危险方法危害公共安全，尚未造成严重后果的，处三年以上十年以下有期徒刑。"第一百一十五条规定："放火、决水、爆炸以及投放毒害性、放射性、传染病病原体等物质或者以其他危险方法致人重伤、死亡或者使公私财产遭受重大损失的，处十年以上有期徒刑、无期徒刑或者死刑。过失犯前款罪的，处三年以上七年以下有期徒刑；情节较轻的，处三年以下有期徒刑或者拘役。"第一百一十五条的第一款是加重刑，第二款是因过失，而非故意而为，属于减轻刑。

教育设施重大安全事故罪，消防责任事故罪，不报、谎报安全事故罪等较少出现在托育机构，但是这并不意味着应该省略，因为这些故事只要一旦出现，其酿成的后果就极其严重。刑法第一百三十八条、第一百三十九条、第一百三十九条之一分别规定了教育设施重大安全事故罪、消防责任事故罪和不报、谎报安全事故罪。第一百三十八条规定："明知校舍或者教育教学设施有危险，而不采取措施或者不及时报告，致使发生重大伤亡事故的，对直接责任人员，处三年以下有期徒刑或者拘役；后果特别严重的，处三年以上七年以下有期徒刑。"第一百三十九条规定："违反消防管理法规，经消防监督机构通知采取改正措施而拒绝执行，造成严重后果的，对直接责任人员，处三年以下有期徒刑或者拘役；后果特别严重的，处三年以上七年以下有期徒刑。"第一百三十九条之一规定："在安全事故发生后，负有报告职责的人员不报或者谎报事故情况，贻误事故抢救，情节严重的，处三年以下有期徒刑或者拘役；情节特别严重的，处三年以上七年以下有期徒刑。"

本章小结

按照事故的性质来分，托育机构安全事故可分为故意性托育机构安全事故和过失性托育机构安全事故；按照对婴幼儿伤害的程度，托育机构安全事故可分为轻伤安全事故、重伤安全事故和死亡安全事故；按照事故本身的类型，托育

① 杨莉君．学前教育政策法规概论[M]．长沙：湖南师范大学出版社，2018：26.

机构安全事故可分为园舍建筑安全事故、食品安全事故、消防安全事故、园舍设施安全事故等。

婴幼儿一日活动中的安全问题包括入托时的安全事故、组织游戏活动时的安全事故、就餐时的安全事故、幼儿午睡时的安全事故、离托时的安全事故等。

法律责任是法律规定的责任，是以强制为后盾的特殊社会责任。根据违法行为的一般特点，可以把法律责任的构成要件概括为违法行为、主观过错、损害事实和因果关系。法律责任的归责原则有责任法定原则、因果联系原则、责任相称原则、责任自负原则。

托育机构中的法律责任分为行政法律责任、民事法律责任和刑事法律责任三种。追究行政法律责任，主要有行政处分和行政处罚两大类。

推荐阅读

彭玉敬.校园伤害事故预防与处理操作实务全书[M].北京：团结出版社，2011.

参考文献

[1]夏勇．权利哲学的基本问题[J].法学研究，2004(3).

[2]吴鹏飞．嗷嗷待哺：儿童权利的一般理论与中国实践[D].苏州大学，2013.

[3]吴鹏飞．儿童权利一般理论研究[M]北京：中国政法大学出版社，2013.

[4]陈和平．对三聚氰胺奶粉事件的法理学思考[J].经济研究导刊，2010(1).

[5]石冠彬．民法典姓名权制度的解释论[J].东方法学，2020(06).

[6]张红．民法典之姓名权立法论[J].河北法学，2019，37(10).

[7]杜承铭．论表达自由[J].中国法学，2001(03).

[8]王利明．隐私权内容探讨[J].浙江社会科学，2007(03).

[9]姜波，焦富勇．《虐待儿童防止法》及统计儿童虐待事件的意义[J].中国妇幼健康研究，2007(02).

[10]秦蓉，丁燕红，冯晓艳，朱亭立，徐大鹏．对38例躯体虐待伤婴幼儿相关情况的调查分析[J].当代医药论丛，2020，18(08).

[11]陈恩伦．论学习权[D].重庆：西南师范大学，2003.

[12]王柱国．学习自由与参与平等：受教育权的理论和实践[M].北京：中国民主法制出版社，2009.

[13]张利洪．学前儿童受教育权研究[D].重庆：西南大学，2013.

[14]陈恩伦．从受教育权到学习权：终身学习社会的权利转型[J].国家教育行政学院学报，2022(01).

[15]丁海东．儿童游戏权的价值及其在我国的现实困境[J].东北师大学报(哲学社会科学版)，2010(05).

[16]洪秀敏，陶鑫萌．改革开放40年我国0—3岁早期教育服务的政策与实

践[J].学前教育研究,2019(2).

[17]孙海华.陕西:76.3%家长迫切希望提高家庭教育能力[N].中国青年报,2019-12-25(1).

[18]傅小兰,张侃.中国国民心理健康发展报告(2019—2020)[M].北京:社会科学文献出版社,2021.

[19]林建军.家庭教育法的调整对象及其逻辑起点[J].河北法学,2021,(5).

[20]秦惠民.走入教育法制的深处——论教育权的演变[M].北京:中国人民公安大学出版社,1998.

[21](德)卡尔·H.G.威特.卡尔·威特的天才教育[M].张兵,译.北京:朝华出版社,2008.

[22](美)约翰·罗尔斯.正义论[M].何怀宏,何包钢,廖申白,译.北京:中国社会科学出版社,1988.

[23]吕慧,缪建东.改革开放以来我国家庭教育的法制化进程[J].南京师大学报(社会科学版),2015(2).

[24]祁占勇,王书琴.家庭教育立法:逻辑起点、基本宗旨与核心内容[J].教育学报,2021(6).

[25]洪秀敏,陶鑫萌,李汉东."全面二孩"政策下托育服务资源需求规模预测——基于对2020—2035年城乡0—3岁婴幼儿人口的估算[J].学前教育研究,2021(02).

[26]蔡全玲,周冬霞,詹书航.城市0—3岁婴幼儿托育机构发展现状研究——以湖北省为例[J].荆楚学刊,2020,21(04).

[27]厉媛媛,徐雨菡.挑战与机遇:托育机构发展研究——基于H市226家托育机构调查[J].教育教学论坛,2021(13).

[28]吴超,杨冕,王秉.科学层面的安全定义及其内涵、外延与推论[J].郑州大学学报(工学版),2018,39(3).

[29]傅贵.傅贵教授解析"安全基本术语"[J].安全,2018,39(6).

[30]AVEN T. Safety is the Antonym of Risk for Some Perspectives of Risk[J]. Safety Science,2009,47(7).

[31]张利洪.对当前我国学前教育质量观的反思[J].教育导刊(下半月),2014(03).

[32]周蕾.四川省0—3岁婴幼儿城镇托育机构安全评估指标体系的构建研究[D].成都中医药大学,2019.

[33]张卫东.幼儿园安全管理及风险防范[M].济南:山东大学出版社,2016.

[34]周天枢.老师和家长需要知道的100个幼儿园法律问题[M].广州:中山大学出版社,2005.

[35]张燕,邢利娅.幼儿园管理案例及评析[M].北京:北京师范大学出版社,2002.

[36]杨莉君.学前教育政策法规概论[M].长沙:湖南师范大学出版社,2018.

[37]周永坤.法理学——全球视野(第四版)[M].北京:法律出版社,2016.

附录

婴幼儿照护服务法律法规及相关文件目录

一、宪法		
名称	制定机关	备注
宪法	全国人民代表大会	1982年发布,1988年、1993年、1999年、2004年、2018年修正
二、法律		
名称	制定机关	备注
刑法	全国人民代表大会	1997年修订,其后11次修正
传染病防治法	全国人民代表大会常务委员会	2004年修订,2013年修正
残疾人保障法	全国人民代表大会常务委员会	2008年修订,2018年修正
未成年人保护法	全国人民代表大会常务委员会	2006年修订,2012年修正,2020年修订
妇女权益保障法	全国人民代表大会常务委员会	2005年、2018年修正
母婴保健法	全国人民代表大会常务委员会	2009年、2017年修正
劳动法	全国人民代表大会常务委员会	2009年、2018年修正
教育法	全国人民代表大会常务委员会	2009年、2015年、2021年修正
体育法	全国人民代表大会常务委员会	2009年、2016年修正,2022年修订
人口与计划生育法	全国人民代表大会常务委员会	2015年、2021年修正
食品安全法	全国人民代表大会常务委员会	2015年修订,2018年、2021年修正
反家庭暴力法	全国人民代表大会常务委员会	
基本医疗卫生与健康促进法	全国人民代表大会常务委员会	
民法典	全国人民代表大会	

续表

家庭教育促进法	全国人民代表大会常务委员会	
三、行政法		
名称	制定机关	备注
残疾人教育条例	国务院	2011年、2017年修订
母婴保健法实施办法	国务院	2017年修订
乳品质量安全监督管理条例	国务院	
食品安全法实施条例	国务院	2016年、2019年修订
女职工劳动保护特别规定	国务院	
残疾预防和残疾人康复条例	国务院	2018年修正
四、部门规章		
名称	发布部门	备注
托儿所幼儿园卫生保健管理办法	原卫生部、教育部	
家庭服务业管理暂行办法	商务部	
五、党政联合发文		
名称	发布部门	备注
全国托幼工作会议纪要	教育部、原卫生部、原国家劳动总局、全国总工会和全国妇联	中共中央、国务院转发
中共中央、国务院关于全面加强人口和计划生育工作统筹解决人口问题的决定	中共中央、国务院	
“健康中国2030”规划纲要	中共中央、国务院	
中共中央、国务院关于优化生育政策促进人口长期均衡发展的决定	中共中央、国务院	
六、中共中央或国务院单独发文		
名称	发布部门	备注
中共中央关于制定国民经济和社会发展第十四个五年规划和二〇三五年远景目标的建议	中共中央	
关于明确幼儿教育事业领导管理职责分工的请示	原国家教委等九部门[1]	
九十年代中国儿童发展规划纲要	国务院	

续表

中国儿童发展纲要（2001—2010年）	国务院	
关于开展对农村部分计划生育家庭实行奖励扶助制度试点工作的意见	原人口计生委、财政部	国务院办公厅转发
中国儿童发展纲要（2011—2020年）	国务院	
国务院关于当前发展学前教育的若干意见	国务院	
国务院办公厅关于促进3岁以下婴幼儿照护服务发展的指导意见	国务院办公厅	
国务院关于实施健康中国行动的意见	国务院	
国务院办公厅关于促进养老托育服务健康发展的意见	国务院办公厅	
“十四五”残疾人保障和发展规划	国务院	
中国儿童发展纲要（2021—2030年）	国务院	
“十四五”城乡社区服务体系建设规划	国务院办公厅	
七、国务院各部委联合或单独发文		
名称	发布部门	备注
三岁前小儿教养大纲（草案）	原卫生部妇幼卫生局	
劳动部关于发布《企业职工生育保险试行办法》的通知	原劳动和社会保障部	
劳动和社会保障部办公厅关于进一步加强生育保险工作的指导意见	原劳动和社会保障部办公厅	
教育部办公厅关于开展0—3岁婴幼儿早期教育试点工作有关事项的通知	教育部办公厅	
托儿所幼儿园卫生保健工作规范	原卫生部	

续表

关于进一步规范母乳代用品宣传和销售行为的通知	原国家食品药品监督管理总局、原国家卫生和计划生育委员会、原国家工商行政管理总局	
全国家庭教育指导大纲(修订)	全国妇联等九部门[2]	
关于养老、托育、家政等社区家庭服务业税费优惠政策的公告	财政部等六部门[3]	
关于教育支持社会服务产业发展提高紧缺人才培养培训质量的意见	教育部办公厅等七部门[4]	
托育机构设置标准(试行) 托育机构管理规范(试行)	国家卫生健康委	两个文件同时发布。
支持社会力量发展普惠托育服务专项行动实施方案(试行)	国家发展改革委、国家卫生健康委	
托育机构登记和备案办法(试行)	国家卫生健康委办公厅等四部门[5]	
国家卫生健康委关于做好托育机构相关工作的通知	国家卫生健康委	
婴幼儿喂养健康教育核心信息	国家卫生健康委办公厅	
关于实施康养职业技能培训计划的通知	人力资源社会保障部等五部门[6]	
托育机构保育指导大纲(试行)	国家卫生健康委	
托育机构婴幼儿伤害预防指南(试行)	国家卫生健康委办公厅	
关于印发儿童入托、入学预防接种证查验办法的通知	国家卫生健康委办公厅、教育部办公厅	
国家免疫规划疫苗儿童免疫程序及说明(2021年版)	国家卫生健康委	
职业教育专业目录(2021年)	教育部	
关于开展全国婴幼儿照护服务示范城市创建活动的通知	国家卫生健康委、国家发展改革委	
“十四五”积极应对人口老龄化工程和托育建设实施方案	国家发展改革委、民政部、国家卫生健康委	
0—6岁儿童眼保健及视力检查服务规范(试行)	国家卫生健康委办公厅	

续表

关于编报积极应对人口老龄化工程和托育建设2021年中央预算内投资计划建议的通知	国家发展改革委办公厅、民政部办公厅、国家卫生健康委办公厅	
关于报送本地区每千人口拥有3岁以下婴幼儿托位数年度分解指标的通知	国家卫生健康委办公厅、国家发展改革委办公厅	
托育机构负责人培训大纲(试行) 托育机构保育人员培训大纲(试行)	国家卫生健康委办公厅	两个文件同时发布。
关于加强城镇老旧小区改造配套设施建设的通知	国家发展改革委、住房城乡建设部	
关于推进儿童友好城市建设的指导意见	国家发展改革委等23部门[7]	
母婴安全行动提升计划(2021—2025年)	国家卫生健康委	
健康儿童行动提升计划(2021—2025年)	国家卫生健康委	
婴幼儿发展引导员国家职业技能标准(2021年版)	人力资源社会保障部	
保育师国家职业技能标准(2021年版)	人力资源社会保障部	
托育机构婴幼儿喂养与营养指南(试行)	国家卫生健康委办公厅	
托育综合服务中心建设指南(试行)	国家卫生健康委办公厅	
托育机构消防安全指南(试行)	国家卫生健康委办公厅、应急管理部办公厅	
托幼机构新冠肺炎疫情防控技术方案(第六版)	教育部办公厅、国家疾控局综合司	
八、国际公约		
名称	发布组织	备注
国际母乳代用品销售守则	世界卫生组织	
儿童权利公约	联合国	
九、其他相关文件		
名称	发布部门	备注

续表

婴幼儿及儿童纺织产品安全技术规范(GB 31701-2015)	原国家质检总局、国家标准委	强制性国家标准[8]
婴幼儿用奶瓶和奶嘴(GB 38995-2020)	国家市场监督管理总局、国家标准委	强制性国家标准
机织婴幼儿服装(GB/T 33271-2016)	原国家质检总局、国家标准委	推荐性国家标准
婴幼儿背带(袋)(GB/T 35270-2017)	原国家质检总局、国家标准委	推荐性国家标准
婴幼儿学步带(GB/T 35448-2017)	原国家质检总局、国家标准委	推荐性国家标准
机织婴幼儿睡袋(FZ/T 62039-2019)	工信部	推荐性行业标准
儿童福利机构婴幼儿护理服务规范(DB50/T 944-2019)	重庆市市场监督管理局	推荐性地方标准
针织婴幼儿及儿童服装(GB/T 39508-2020)	国家市场监督管理总局、国家标准委	推荐性国家标准
婴幼儿床垫(QB/T 5590-2021)	工信部	推荐性行业标准
婴幼儿腰凳(GB/T 40227-2021)	国家市场监督管理总局、国家标准委	推荐性国家标准
婴幼儿软背带(袋)通用技术要求(SN-T 5435-2022)	海关总署	推荐性商业监测标准
早期教育服务规范(GB/T 31725-2015)	原国家质检总局、国家标准委	推荐性国家标准
家政服务 母婴生活护理服务质量规范(GB/T 31771-2015)	原国家质检总局、国家标准委	推荐性国家标准
托儿所、幼儿园建筑设计规范(JGJ39-2016)	住房和城乡建设部	推荐性行业标准

注：

[1]《关于明确幼儿教育事业领导管理职责分工的请示》的发文单位有当时的国家教委、国家计委、卫生部、劳动人事部、财政部、建设部、轻工业部、纺织部、商业部。

[2]《全国家庭教育指导大纲(修订)》的发文单位有全国妇联、教育部、中央文明办、民政部、文化和旅游部、国家卫生健康委员会、国家广播电视总局、中国科学技术协会、中国关心下一代工作委员会。

[3]《关于养老、托育、家政等社区家庭服务业税费优惠政策的公告》的发文单位有财政部、税务总局、发展改革委、民政部、商务部、卫生健康委。

[4]《关于教育支持社会服务产业发展 提高紧缺人才培养培训质量的意见》的发文单位有教育部办公厅、国家发展改革委办公厅、民政部办公厅、商务部办公厅、国家卫生健康委办公厅、国家中医药局办公室、全国妇联办公厅。

[5]《托育机构登记和备案办法(试行)》的发文单位有国家卫生健康委办公厅、中央编办综合局、民政部办公厅、市场监管总局办公厅。

[6]《关于实施康养职业技能培训计划》的发文单位有人力资源社会保障部、民政部、财政部、商务部、全国妇联。

[7]《关于推进儿童友好城市建设的指导意见》的发文单位有国家发展改革委、国务院妇儿工委办公室、住房城乡建设部、中央宣传部、中央网信办、教育部、公安部、民政部、财政部、自然资源部、生态环境部、交通运输部、文化和旅游部、国家卫生健康委、应急部、市场监管总局、广电总局、体育总局、国家医保局、国家林草局、共青团中央、全国妇联、中国残联。

[8]《中华人民共和国标准化法》第二条规定:"本法所称标准(含标准样品),是指农业、工业、服务业以及社会事业等领域需要统一的技术要求。标准包括国家标准、行业标准、地方标准和团体标准、企业标准。国家标准分为强制性标准、推荐性标准,行业标准、地方标准是推荐性标准。强制性标准必须执行。国家鼓励采用推荐性标准。"各类标准代码命名一般以单词拼音首字母缩写,比如国家标准为"GB"等。原文详见全国标准信息公共服务平台。

参考资料

国家卫生健康委人口家庭司.婴幼儿照护服务文件汇编(2021版)[M].北京:中国人口出版社,2021.

后 记

承蒙杨晓萍和李姗泽两位老师的抬爱，忝列主编以撰教材。虽然头绪甚多，且“积重难返”，但此前《幼儿教育政策法规与职业道德》出版后，即开始谋划“早期教育政策法规”课程的教材，却久未行动。趁此良机，了却心愿。

《幼儿教育政策法规与职业道德》更多介绍幼儿园相关政策法规，其内容基本没有顾及早期教育。截至目前，专门针对早期教育专业的政策法规类教材还是空白。说到了却心愿，还有一层意思。刘云艳老师曾建议我毕业论文研究早期教育政策，撰写此教材，也算是十年后对刘老师建议的一个答复，期望刘老师在天之灵能够感应。教材建设是专业建设的基础工程，虽不算像样的学术成果，但有所助益，也能自我安慰。

本书的定位首先是为婴幼儿托育服务与管理专业服务，其次也可作为中职幼儿保育专业和婴幼儿托育专业，高职本科婴幼儿发展与健康管理专业的教材。本书还可以作为育婴员、保育师、婴幼儿发展引导员、母婴护理员、健康照护师、残障儿童护理员等职业的培训教材。

本教材由张利洪担任主编，金春燕和马丽娜担任副主编。具体分工为：第一章，张利洪、胡益敏（西华师范大学学前教育专业硕士生）；第二章，李欢（西华师范大学学前教育专业硕士生）、张利洪；第三章，周润娇（重庆幼儿师范高等专科学校教师）；第四章，马丽娜（四川师范大学学前教育学博士生）；第五、第六章，金春燕（乐山师范学院教育学院教师，日本筑波大学疾病控制医学专业博士）；第七章，龚光军（四川职业技术学院教师教育学院副院长）、张利洪。徐珊、陈林屹、吴若蓝、王优、周小雅、张琦琳、雷滕、邱楚寒、廖天文、唐佳芯、张光伟、杨书浩、李文静、高光荣、白诗倩、赵若希等同学都为教材的完善和课程资源包的完成做出了重要的贡献。感谢成都市森林里儿童托育中心园长杨虹提供了部分案例。感谢出版社张燕妮编辑的及时催促。没有你们的帮忙，该教材的出版还要滞后。

始生有物，其形毕丑。毕丑，只能代表过去；完美，才能代表未来。尽管教材编写组努力从敬业的态度、专业的角度和职业的热度去完成，但是丑作难免。请老师和同学对该教材存在的不足多提宝贵的意见和建议，以帮助我们对教材进行完善。教材编写组会热忱地、认真地对待您提出的每一条意见和建议。